Memórias de quem ensina história

FUNDAÇÃO EDITORA DA UNESP

Presidente do Conselho Curador
José Carlos Souza Trindade

Diretor-Presidente
José Castilho Marques Neto

Editor Executivo
Jézio Hernani Bomfim Gutierre

Assessor Editorial
João Luís C. T. Ceccantini

Conselho Editorial Acadêmico
Alberto Ikeda
Alfredo Pereira Junior
Antonio Carlos Carrera de Souza
Elizabeth Berwerth Stucchi
Kester Carrara
Lourdes A. M. dos Santos Pinto
Maria Heloísa Martins Dias
Paulo José Brando Santilli
Ruben Aldrovandi
Tania Regina de Luca

Editora Assistente
Denise Katchuian Dognini

EMERY MARQUES GUSMÃO

Memórias de quem ensina história
Cultura e identidade docente

© 2003 Editora UNESP

Direitos de publicação reservados à:
Fundação Editora da UNESP (FEU)
Praça da Sé, 108
01001-900 – São Paulo – SP
Tel.: (0xx11) 3242-7171
Fax: (0xx11) 3242-7172
www.editoraunesp.com.br
feu@editora.unesp.br

CIP – Brasil. Catalogação na fonte
Sindicato Nacional dos Editores de Livros, RJ

G99m

Gusmão, Emery Marques
 Memórias de quem ensina História: cultura e identidade docente / Emery Marques Gusmão. – São Paulo: Editora UNESP, 2004

 Inclui bibliografia
 ISBN 85-7139-546-2

 1. Professores de história – São Paulo (Estado). 2. História – Estudo e ensino – São Paulo (Estado). I. Título.

04-2171.   CDD 907.2
                                              CDU 930.2

Este livro é publicado pelo projeto *Edição de Textos de Docentes e Pós-Graduados da UNESP* – Pró-Reitoria de Pós-Graduação e Pesquisa da UNESP (PROPP) / Fundação Editora da UNESP (FEU)

Editora afiliada:

Asociación de Editoriales Universitárias
de América Latina y el Caribe

Associação Brasileira das
Editoras Universitárias

Sumário

Introdução   7

1   Eruditos e eloqüentes, aqueles que contam
e encantam   29

   História oral e memória   30

   Primeira geração: "a fase de ouro da escola pública"   32

   Segunda geração: renovação pedagógica e consciência
política   53

   Ensino, técnicas e ideais   87

2   Pesquisadores e professores: modernos e ousados   91

   Ideário político e educacional de professores de História   92

   O mal-estar docente   120

   Perspectivas   152

   Modernidade pedagógica e ensino de História   164

Considerações finais   167

Referências bibliográficas   171

Introdução

Esta pesquisa nasceu de minhas dúvidas e inquietudes como professora da rede oficial do ensino e estudiosa da História, cujo percurso profissional ora me afasta da pesquisa acadêmica para uma maior dedicação à docência, ora me aproxima das investigações históricas, distanciando-me da sala de aula. Formei-me em História pela UNESP de Assis, em 1991, e iniciei no ensino da disciplina em 1994, visto que, na fase intermediária, cursei mestrado na mesma universidade, desenvolvendo uma dissertação sobre a Semana de Arte Moderna no Brasil. Neste trabalho, inspirei-me na perspectiva difundida por Annateresa Fabris (1994) que questiona a modernidade das obras dos artistas paulistas e, ao mesmo tempo, põe em destaque a habilidade com que eles usavam o argumento da modernidade como um recurso de linguagem que deprecia os intelectuais mais velhos. A autora sugere que os adjetivos tradicional/moderno, fartamente utilizados pelos artistas e pelos críticos, inserem-se na estratégia do escândalo preconizada por Marinetti e pelos futuristas italianos para atacar os intelectuais mais velhos que controlavam os mais importantes veículos culturais do país no início da década de 1920.

O modernismo paulista teria inventado o pouco ortodoxo "jeitinho moderno brasileiro": embora produzissem obras que não se pautavam em uma modernidade radical – pois suas obras não eram tão abstratas quanto a produzida pelas vanguardas européias nos anos 10 –, ativeram-se aos enunciados e chavões daqueles movimentos para polemizar e impor novos referenciais para a arte nacional.[1]

No momento de meu ingresso no magistério, entendia o adjetivo "moderno" como um recurso discursivo cuja função é desautorizar o outro e não uma condição ou estado inteligível por si mesmo e evidente a todos. Portanto, soava intrigante o intenso uso dos adjetivos tradicional/moderno pelos colegas da Escola Padrão, onde iniciei a carreira. A meus olhos, o emprego desses termos escondia uma disputa em torno do perfil "ideal" de professor. Também me intrigava, na fala dos mestres que valorizam a modernização, a maior valorização da ruptura, da experimentação e dos referenciais teóricos que dos resultados em si.

Um desejo pouco disfarçado de ser uma boa professora moderna motivava-me estudos sobre Pedagogia e sobre experiências concretas de aplicação dos novos preceitos. Assim, foi-se delineando a idéia de uma pesquisa sobre os "modernos": imaginava ser possível identificá-los por meio de um questionário para posterior contato. Pretendia traçar-lhes o perfil e recolher relatos de experiências passíveis para inspirar outros professores que, assim como eu, se sentissem ávidos por orientações calcadas em realizações práticas bemsucedidas. Qual não foi minha surpresa, quando, logo no início da pesquisa, constatei que a quase totalidade dos professores que responderam ao questionário se autodefinia como inovadores.

O questionário foi respondido por professores de História das cidades de Presidente Prudente, Assis e São Paulo e, considerado longo pelos mestres, apresentava trinta questões sobre a vida pessoal

---

1 Segundo Fabris (1994), o nacionalismo – ideário ausente nas vanguardas européias do citado período – e a preocupação em retratar o "ser nacional brasileiro" explicam a limitada modernidade das obras brasileiras. O modernismo teria chegado tardiamente ao Brasil, momento em que até mesmo a produção européia é menos abstrata, caracterizando a chamada "volta à ordem". A autora sugere que a arte " verdadeiramente" moderna somente se estabelece no Brasil nos anos 50 com a poesia concreta.

MEMÓRIAS DE QUEM ENSINA HISTÓRIA 9

– sexo, idade, estado civil, número de filhos; a vida profissional –
tempo de magistério, perspectivas e preferências na profissão (escola
pública ou particular, Ensino Médio ou Fundamental); o perfil profissional publicamente assumido – tradicional/moderno/renovador,
bom/adaptado/comprometido/ótimo, utilização de eixos temáticos
ou da seqüência cronológica, o nível de valorização das orientações
didáticas, materiais usados para preparar aulas e objetivos do curso;
as concepções teóricas sobre a narrativa histórica – crença na verdade; a formação e as características da escola/faculdade que freqüentou; a experiência profissional e as concepções sobre o ensino.

Em Presidente Prudente, no primeiro semestre de 1999, 96 questionários foram entregues às coordenadoras pedagógicas de cada uma
das 26 escolas, que ofereciam a disciplina História, para serem respondidos pelos professores na Hora de Treinamento Pedagógico –
HTP.[2] Foi necessário mais de um mês para recolher trinta dos 96
questionários distribuídos, e pude perceber que foram respondidos
às pressas e/ou com indignação. Também no primeiro semestre de
1999, no mês de junho, o mesmo questionário foi apresentado aos
professores de Assis convocados pela Diretoria de Ensino, com abono de falta, para o treinamento realizado pela *Oficina Pedagógica* nos
períodos da manhã e da tarde. A assistente técnico-pedagógica cedeu
quarenta minutos no início dos trabalhos no período da tarde para que,
rapidamente, eu explicasse a pesquisa e, na seqüência, eles respon-
dessem. Essa folga nos trabalhos foi bem-vista pelos professores que
se mostraram bastante atentos e debateram algumas das questões entre si. O mesmo procedimento foi adotado em São Paulo; as questões foram respondidas em uma reunião da *Oficina Pedagógica* pro-
movida pela Delegacia de Ensino Norte I, em Perdizes, em outubro

---

2 Cada professor da rede pública tem, embutido em sua jornada de trabalho, duas
horas/aula semanais que deve cumprir com seus pares na escola, em horário previamente definido pela direção. Esse é o HTP: reuniões que visam garantir o
estudo das novas tendências pedagógicas sob a orientação do coordenador. Toda
escola dispõe de pelo menos um coordenador pedagógico que recebe treinamento
na Diretoria de Ensino.

de 1999, por aproximadamente trinta professores convocados com abono de falta – a maior parte deles atuante no próprio bairro.

Também foram reservados alguns minutos no início dos trabalhos no período da tarde, mas a maioria preferiu retirar-se da sala e tomar o café que estava à disposição no corredor a responder o questionário. Dos presentes, apenas dez responderam e todos o fizeram com bastante interesse: de um modo geral, são professores mais jovens, com menos tempo de serviço que a média dos professores pesquisados e mais empolgados com a profissão (Quadro 1).

Quadro 1 – Questões 1 e 5: Há quantos anos leciona? Idade.

Há quantos anos leciona?	Prudente (30)	Assis (32)	São Paulo (10)
Dois anos ou menos	0	2	1
Entre 3 e 8 anos	2	4	3
Entre 8 e 15 anos	12	8	5
Mais de 15 anos	18	16	1

Idade	Prudente (30)	Assis (32)	São Paulo (10)
21 a 30 anos	0	2	2
31 a 40 anos	4	11	5
41 a 50 anos	18	8	3
51 a 60 anos	2	9	0
Não informou	8	0	0

Embora as cidades do interior representem um universo cultural semelhante, a maioria dos seus professores de História demonstra uma vivência universitária muito diversa. Numa amostragem de 32 professores assisenses, 82% são formados pela UNESP – uma instituição preocupada com a formação de pesquisadores, apresentando disciplinas e bibliografias atualizadas que discutem questões epistemológicas –; já em Presidente Prudente, 85% dos professores pesquisados cursaram Estudos Sociais – faculdade acusada pela literatura pedagógica de promover uma formação mais aligeirada, nem sempre atenta às recentes publicações historiográficas e à epistemologia histórica – ou não são formados em História (muitos são geógrafos). Tendo em vista esse contexto, procurei discutir o peso da formação inicial para a consolidação da cultura e da prática pedagógica voltada para a renovação e a qualidade do ensino. Ao observar que nas duas cidades os professores repetiram, com poucas variações, o jargão difundido nos anos 80, quando a proposta da Cenp foi intensamente divulgada e debatida, optei por acrescentar à pesquisa professores que lecionam na cidade de São Paulo. Desse modo, pretendia encaminhar reflexões sobre o peso da formação inicial e da experiência em serviço como fatores motivadores da busca da renovação pedagógica.

A tabulação das respostas do questionário demonstrou que não seria possível localizar os "modernos" para posterior entrevista, pois os professores não se identificaram e colocaram respostas muito semelhantes entre si. A maior parte dos docentes são mulheres (mais de 69%), estão na faixa dos trinta ou quarenta anos, têm mais de quinze anos de experiência profissional, buscam a renovação pedagógica (mais de 95%), indicaram como objetivos educacionais a formação do cidadão crítico – e não a memorização dos fatos históricos –, e mais de 74% dos professores no interior do Estado de São Paulo afirmam guiar seus trabalhos pela Proposta da Cenp, divulgada na década de 1980.[3] A divulgação dos dados em congressos tem causado risos em supervisores e estudiosos da educação que duvidam da sinceridade das respostas. A título de exemplo, pode-se observar que a Diretoria de Ensino de Presidente Prudente explicou nesses termos o mau desempenho dos alunos no Saresp de 1996:

> Consideramos que a porcentagem de acertos pode ser interpretada como muito baixa, já que o conteúdo de História para a 5ª e 6ª séries, tanto pelo ensino que genericamente chamamos tradicional como pela Pro-

---

3 Na cidade de São Paulo, o índice é muito menor: quatro num total de dez professores. Atribuímos essa discrepância ao fato de a amostra não ser representativa do corpo docente: os mestres que responderam ao questionário na capital do Estado são mais jovens que a média.

posta da Cenp, não se distancia muito, como acontece, por exemplo, com relação à 7ª série.

O que se evidenciou foi que o professor trabalha com uma metodologia distante daquela proposta pela Cenp. O que garante sua aula de História é a memorização e o uso de um único livro didático, cuja linha historiográfica é a do vencedor, do colonizador, onde os heróis, as datas, o político é o grande indicador. Concordamos com o pensamento dos professores de uma escola que escreveram: "a avaliação analisou e expressou através dos alunos o trabalho do mestre".[4]

Para a Diretoria de Ensino de Presidente Prudente, o desempenho insatisfatório dos alunos deve-se ao apego dos mestres à memorização e à história dos vencedores, tratados e batalhas; já os professores rechaçaram o "ensino tradicional" no questionário apresentado por esta pesquisa, sem, no entanto, afirmar a qualidade do seu próprio trabalho, como se constata no Quadro 2:

Quadro 2 – Questão 21: Como professor, você se considera:

	Prudente (30)	Assis (32)	São Paulo (10)
Um exemplo de profissional que dá o melhor de si no trabalho	25	19	10
Bom	12	8	3
Adaptado às circunstâncias, pois é impossível ser bom professor nos dias de hoje	5	7	1
Comprometido acima da média	3	9	4
Ótimo	1	2	0
Razoável	1	2	1
Mau	0	0	0

---

4 Relatório Geral referente ao Sistema de Avaliação de Rendimento Escolar do Estado de São Paulo, 3ª e 7ª séries do 1º grau de 1996, p.64. Documento xerocopiado.

MEMÓRIAS DE QUEM ENSINA HISTÓRIA   13

A qualidade do ensino parece embaraçar mais os professores que a renovação em si, e, apesar das discordâncias com os supervisores em relação à receptividade às inovações metodológicas, ambos os grupos parecem concordar quanto à insatisfação com o ensino desenvolvido nas escolas e quanto à validade das novas metodologias de ensino. Os estudos desenvolvidos sobre a proposta da Cenp, apontada pelos professores como a sua principal referência, contribuíram bastante para interpretar esse dado. Maria do Carmo Martins (1996) indica, com base em documentos e relatos orais de membros das equipes técnicas responsáveis pela elaboração da Proposta de História entre os anos de 1986 e 1992 – quando sai a versão definitiva –, que essa começa a ser construída ao mesmo tempo que as propostas curriculares das outras disciplinas do núcleo comum do antigo primeiro grau, como parte de um conjunto de reformas da educação no Estado de São Paulo durante o governo Franco Montoro. O Estatuto do Magistério, os novos currículos e uma nova forma de seriação para o primeiro grau, o Ciclo Básico, estavam em construção no governo do PMDB, num clima geral de recusa aos traços de autoritarismo herdados pelo sistema educacional após 21 anos de ditadura militar. A Proposta de História seria elaborada pela equipe técnica da Cenp, assessorada por intelectuais ligados à produção do conhecimento histórico nas universidades e debatida com os professores da rede em encontros, de acordo com o cronograma estabelecido pela Secretaria de Educação. Enquanto os demais projetos foram realizados em períodos relativamente breves, a reformulação curricular da História arrastou-se por longos seis anos, um período que compreendeu dois mandatos governamentais. Polêmica, a Proposta de História foi questionada pela imprensa e por professores dos três níveis de ensino, levando a constantes elaborações e reelaborações, como se pode observar pelas inúmeras versões preliminares:

• *Proposta Curricular para o Ensino de História* – versão preliminar, julho de 1986. Autores: equipe técnica de Estudos Sociais da Cenp /SEE; assessoria de Dea Ribeiro Fenelon (Unicamp e PUC).

- *Proposta Curricular para o Ensino de História* – 1° grau, 2ª versão preliminar, setembro de 1986. Autores: equipe técnica de Estudos Sociais da Cenp/SEE; assessoria de Dea Ribeiro Fenelon (PUC) e Marco Antonio da Silva (USP).
- *Proposta Curricular para o Ensino de História* – 1° grau, 3ª versão preliminar, 1986. Autores: equipe técnica de Estudos Sociais da Cenp/SEE; assessoria de Dea Ribeiro Fenelon (PUC) e Marco Antonio da Silva (USP).
- *Proposta Curricular para o Ensino de História* – 1° grau, versão preliminar, 1991. Elaboração: Ernesta Zamboni (Unicamp), Kátia Maria Abud (UNESP/Franca), Luiz Koshiba (UNESP/Araraquara) e Maria Helena Capelato (USP) e equipe técnica de História da Cenp/SEE.
- *Proposta Curricular para o Ensino de História* – 1° grau, 1992. Elaboração: Ernesta Zamboni (Unicamp), Kátia Maria Abud (UNESP/Franca) e colaboração de Luiz Koshiba (UNESP/Araraquara) e Maria Helena Capelato (USP) e equipe técnica de História da Cenp/SEE (Martins, 1996, p.54).

Conforme a mesma autora, o argumento mais comumente aceito para explicar a polêmica foi desenvolvido por João Cardoso Palma Filho (1989), em uma dissertação de mestrado, que analisa o papel da imprensa na oposição à proposta. De acordo com ele, que foi coordenador da Cenp entre os anos de 1984 a 1987, os jornais direcionaram a opinião pública. Ainda que alguns editoriais fossem apelativos, chegando a desqualificar moral e intelectualmente todos os envolvidos na elaboração da proposta, de um modo geral atinham-se ao argumento do *rebaixamento do nível do ensino*. Martins (1996, p.65-6) responde à questão com dois argumentos:

- o ensino escolar já estava rebaixado ... com as chamadas licenciaturas curtas e a deformação das áreas como História, Geografia e Sociologia em Estudos Sociais. Justamente por ter sido obrigada a encarar a existência desse rebaixamento, é que a Cenp encaminhou as mudanças;
- o processo não foi bem aceito muito mais por falhas na elaboração e na sua divulgação aos professores, parte que, por sinal, competia à Cenp coordenar.

Essa recusa dos professores da rede à proposta é tema de outra dissertação de mestrado (Ricci, 1992), apresentada ao Programa de Pós-Graduação da PUC/SP. Cláudia Ricci observou os relatórios que os professores representantes de cada Delegacia de Ensino enviaram à Cenp no ano de 1987, analisando a Proposta Curricular, e reafirmou a resistência e/ou o conservadorismo deles. Sua preocupação "não se centrou em torno da ... Proposta em si"; ante a polêmica desencadeada pelo documento, professores de todo o Estado de São Paulo enviavam pareceres à Cenp que guardavam um diagnóstico que eles próprios faziam de si (ibidem, p.12). Pesquisados pela autora, serviram como valiosa fonte para identificar o perfil dos profissionais do ensino de História no período. Segundo Ricci, havia consenso em torno da necessidade de mudança; no entanto, ficaram evidentes:

- a recusa da possibilidade de mudança para o professor antigo e a insistente solicitação, numa postura paternalista segundo ela (p.89 e 92), de cursos e encontros com profissionais das universidades ou ligados à Secretaria da Educação para os mais jovens;
- o despreparo para a metodologia proposta, haja vista "a formação linear e factual obtida na universidade" (p.94), o desconhecimento da História nova e dos referenciais teóricos evocados;
- a sensação de que o documento fere a "liberdade de cátedra" enquanto outros pedem a homogeneidade dos conteúdos (p.100-1);
- as denúncias do caráter "radical" e "esquerdista" da proposta ... com a ressalva de que não cabe ao professor o direcionamento ideológico dos alunos ou a formação de "ativistas políticos" ... o relatório da DE de Mogi das Cruzes afirma, literalmente, que "o professor não tem a obrigação de formar a mentalidade das classes" (p.103-5);
- a visão da História "como o conjunto de fatos que contém a verdade em si mesmos, como verdade cristalizada e acabada" (p.108);
- a interpretação de que a universidade – e não os demais níveis de ensino – deve produzir conhecimento. Os professores da 8ª DE da capital escreveram no relatório que "há dúvidas quanto à possibilidade de o aluno/professor ser produtor de conhecimento" e os

de Diadema concluíram que existe uma divisão de trabalho intelectual, não cabendo ao 1º grau formar historiadores (p.118);

- a avaliação da História temática como um ensino fragmentado, carente de seqüência e de lógica (p.119-20);
- a recusa da organização e seleção do material didático como tarefas do professor (p.131).

A contraposição desses dados com as respostas obtidas nos questionários denota uma mudança radical no posicionamento publicamente reconhecido pelos professores num período relativamente curto (1987/1999), reafirmando a hipótese levantada por Jaime Cordeiro (1994) de que a década de 1980 instituiu uma forma de entender/pensar o ensino de História. Ou seja, concretizando ou não os objetivos educacionais apontados pela proposta, os atuais professores de História sentem-se pouco à vontade para recusá-los. Sua faixa etária (trinta ou quarenta anos) sugere que eles eram os "jovens" a quem caberiam os "cursos de reciclagem", reivindicados em 1987 nos relatórios enviados à Cenp e analisados por Cláudia Ricci; os "antigos" daquela época – pouco flexíveis para abraçar mudanças – certamente estão aposentados. Os professores atuais não concebem ensino de História sem as vinculações políticas e ideológicas colocadas por certo entendimento da cidadania e descartam alguns procedimentos vinculados à chamada História tradicional (tal como memorização); assim, deve-se retomar a argumentação de Cordeiro, segundo a qual, a partir dos anos 80, com a Proposta da Cenp, a universidade se constitui num lugar privilegiado para a elaboração de projetos educacionais, gerando distorções na consciência pedagógica. Na visão do autor, o tão proclamado reencontro dos três níveis de ensino não se concretiza, pois a universidade define teoricamente o ensino de História, cabendo aos professores de 1º e 2º graus implementar aquelas diretrizes:

> Essa falta de clareza [por parte do professor] na definição do que seja o ensino que está sendo criticado [o ensino tradicional] expressa uma aceitação quase implícita de um quadro teórico e descritivo definido em

MEMÓRIAS DE QUEM ENSINA HISTÓRIA   17

outro lugar que não as experiências concretas dos professores de 1º e 2º graus. (Cordeiro, 1994, p.56)

Jaime Cordeiro entende que a Proposta da Cenp é o ponto culminante dos debates que – desde a década de 1970 – ocorrem nos meios universitários, em torno do ensino de História. Resgatando os textos referentes ao tema produzidos por intelectuais ligados à academia nas décadas de 1970 e 1980, afirma que, pelo menos até 1977 – quando os professores dos antigos 1º e 2º graus são admitidos como sócios com plenos direitos na Associação Nacional dos Professores Universitários de História (Anpuh) e a entidade envolve-se na luta pela volta da disciplina História para 5ª e 8ª séries, com a extinção dos Estudos Sociais –, "a preocupação com o ensino de História nas escolas de 1º e 2º graus é marginal para os historiadores brasileiros" (ibidem, 1994, p.50). A partir de 1977, tornam-se cada vez mais freqüentes, nos congressos e revistas organizados e dirigidos pelos mais renomados historiadores brasileiros, as narrativas de experiências inovadoras no ensino de História nos antigos 1º e 2º graus, caracterizados como projetos didáticos alternativos. O autor organiza uma tabela com esses historiadores indicando que metade dos textos é de autoria de professores universitários e metade de professores de Ensino Médio e Fundamental; no entanto, ele indica que boa parte desses últimos ocupou funções de dirigentes na Secretaria da Educação e/ou freqüentou cursos de pós-graduação. O autor conclui que a proposta em si pauta-se em debates que afirmam a universidade como o lugar mais legítimo para "ditar os caminhos por onde deveriam trilhar as propostas de renovação do ensino de História" (p.44). Desse modo, a fala embasada em teorias de vanguarda – mais conhecidas e debatidas nos cursos de pós-graduação que nas reuniões pedagógicas – impõe-se como uma autoridade para discutir o ensino. Os professores pesquisados demonstraram respeito por essa autoridade e repetiram com poucas variações os jargões divulgados pela Secretaria de Educação na década de 1980. Perguntou-se: qual seu nível de entendimento das "modernas" propostas pedagógicas? Quais motivações pessoais ou profissionais levam os atuais mestres a aderirem ao ensino temático de História? A defesa da modernidade pedagógica traz implícito um desejo de depreciar os professores mais velhos? Como se relacionam as atuais gerações de professores com as anteriores? Esta pesquisa supõe que a Proposta da Cenp representa uma importante ruptura na história do ensino da disciplina em São Paulo sob vários aspectos, particularmente em nível teórico.

As pesquisas desenvolvidas sobre o documento elaborado em São Paulo valorizam pouco a questão epistemológica. Em Minas Gerais, por exemplo, optou-se pela introdução da historiografia marxista baseada no conceito de modo de produção (Bittencourt, 1998), mas não se avançou num questionamento da veracidade da narrativa histórica numa perspectiva que se convencionou chamar de pós-moderna. O caráter seletivo de nossas representações é uma questão amplamente discutida nos meios artísticos e nas ciências humanas com o nome de "consciência da linguagem". Entendida como uma temática de vanguarda, ela afronta de forma direta e incisiva os pressupostos básicos do discurso científico e intelectual por afirmar a impossibilidade de se apreender a verdade acerca do mundo: já que considera o real uma construção discursiva, automaticamente descarta a noção de verdade. Desse modo, desencadeiam-se críticas à tradição iluminista da qual a nossa cultura é herdeira; tais debates se processam no interior das academias, com pouco envolvimento do público de não-especialistas em artes ou ciências humanas.

Esta pesquisa supõe que as propostas de renovação do ensino de História, veiculadas pela Secretaria da Educação do Estado de São Paulo na década de 1980, representam um dos mais ousados esforços de divulgação desses conceitos epistemológicos junto a um público mais amplo. Ainda que a escola tradicional seja alvo de muitas críticas, não me parece razoável supor que pais, alunos e professores desacreditem da verdade e descartem a ênfase conteudista. Deve-se destacar que, segundo uma pesquisa[5] realizada em 1998, para 38%

---

5 Pesquisa encomendada pela revista *Veja* ao Instituto Vox Populi. Os resultados foram objeto de uma reportagem (*Veja*, 12.8.1998, p.96-101) que teve o título

MEMÓRIAS DE QUEM ENSINA HISTÓRIA 19

dos pais a função principal do professor é ensinar o conteúdo da matéria, apesar das reivindicações de mudanças na escola – como a introdução de debates sobre sexualidade e drogas e a ênfase nas noções de disciplina e de moral. Também os alunos parecem valorizar os conteúdos, pois, segundo Maria Isabel Cunha (1989), eles consideram "bons professores" aqueles capazes de tornar agradáveis as aulas expositivas e ricas em informações. Ante as concepções "tradicionais" de pais e de alunos – que podem ser associadas à herança iluminista –, a Proposta da Cenp parece remar contra a correnteza, pois descarta as noções de verdade histórica e de seqüência cronológica.

Na proposta, o passado apresenta-se como algo a ser construído num diálogo que os agentes educacionais deverão estabelecer com os problemas e as angústias presentes. Professores e alunos são convidados a uma exploração aberta do próprio mundo e que poderá levá-los à afirmação de valores e de perspectivas muito particulares. É nesse sentido que podem ser entendidos a substituição da "História global" pela temática e o abandono de manuais didáticos e de quaisquer outros materiais previamente elaborados. A proposta em si pode ser lida como um convite à pesquisa, uma vez que não apresenta modelos acabados nem materiais para o professor: as orientações práticas restringem-se à substituição da seqüência cronológica pelo estudo de temas considerados relevantes para o aluno. Para o antigo 2º grau, atual Ensino Médio, por exemplo, ficaram as seguintes sugestões de temas:

1ª série: Terra e trabalho;

2ª série: Indústria, urbanização e trabalho;

3ª série: História dos movimentos sociais: cidadania e direitos humanos.

Fortemente marcada pelo clima político da época, a abertura e o fim do regime militar, a Proposta da Cenp reproduz nos temas os

---

"Quem ensina nossos filhos". Constatou-se que, para os pais, a principal função do professor é: ensinar o conteúdo da matéria (38%); preparar o aluno para vencer num mundo competitivo (28%); discutir em classe temas como sexo e prevenção de drogas (15%); dar noções de disciplina e moral (12%); completar a educação dada em casa (6%).

anseios e as expectativas dos diversos movimentos sociais que agitavam o país e exigiam a extensão dos direitos políticos às minorias, assim como a remoção do chamado "entulho militar". A euforia com que a "esquerda" acolheu o fim do regime militar ajuda a entender o caráter marcadamente político dos temas propostos e a centralidade que a disciplina História assumiu nos debates educacionais que pretendiam inaugurar uma nova era na educação brasileira.[6]

A equipe da Cenp insiste na necessidade de professores e alunos criarem seus próprios instrumentos de trabalho e sua própria interpretação histórica a fim de que a renovação não se faça pela substituição de uma visão já cristalizada pela de outro autor consagrado nos meios acadêmicos. Aqueles que buscam na Proposta de História da Cenp um novo modelo educacional correm o risco de se perder, pois encontrarão apenas considerações teóricas acerca da necessidade de se construir o conhecimento em sala de aula e uma farta bibliografia.

Marcos Silva, assessor – juntamente com Dea Fenelon – da equipe que elaborou uma das primeiras versões da proposta, insiste na necessidade de transformar o ensino em campo de debate e de luta sociocultural, pois entende que a escola será transformada em lugar de criação cultural a partir do momento que seus agentes, professores e alunos, puderem apresentar diferentes interpretações e propostas (que naturalmente irão competir entre si) sobre o mundo passado e presente (Silva & Antonacci, 1990). Segundo o autor, uma vez aberta essa possibilidade, a instituição não cumprirá um destino social inevitável – seja como aparelho ideológico do Estado, como pensaram Althusser (1974) e Bourdieu & Passeron (1975), seja como socializadora do conhecimento erudito, conforme a visão de Dermeval Saviani (1984).[7] Transformada em palco de lutas e de disputas socioculturais, a escola abrir-se-ia a múltiplas

---

6 Essa idéia perpassa o trabalho pioneiro de Jaime Cordeiro (1994). Trata-se de uma das primeiras pesquisas que abordam a renovação do ensino no contexto da abertura política dos anos 80.

7 O contraponto entre o pensamento de Saviani, de um lado, e de Althusser e Bourdieu, de outro, foi colocado por Silva & Antonacci (1990).

interpretações históricas, muitas das quais criadas e consolidadas em seu interior.

Talvez se possa pensar que a proposta privilegiou a interlocução com a academia, reafirmando – com muito sucesso – a importância da escola e do conhecimento ante as críticas dirigidas à pedagogia liberal,[8] e, desse modo, afrontou idéias caras à nossa civilização, herdeira da tradição iluminista. Tendo em mente a revanche da academia contra os Estudos Sociais, assim como a voga pós-estruturalista nas universidades, pode-se entender que De Decca, um dos mais respeitados historiadores brasileiros da atualidade, defenda a substituição dos conteúdos de História nas escolas pela discussão de questões de epistemologia histórica em 1988, momento em que a proposta suscitava calorosos debates. Para De Decca (1988, p.76), a maior contribuição do ensino de 1º e de 2º graus é discutir as questões epistemológicas que envolvem a produção do conhecimento, pois o discurso historiográfico, uma vez instituído, é elevado à categoria de verdade:

> Eu me pergunto se a História, enquanto área de conhecimento, deve ensinar conteúdos, se o professor deve propor para o aluno interpretações novas, em oposição às interpretações consagradas, ou então se o ensino de História deve se localizar num lugar mais difícil, talvez mais próximo do que consigo entender, que seria o lugar onde se deve iniciar o ensino de História: *discutir as premissas de conhecimento na nossa sociedade contemporânea.* (Seminário Perspectivas do Ensino de História, 1988 – grifo da autora)

---

8 É bastante conhecida a crítica à pedagogia liberal, entendida como um mecanismo de controle e de dominação. Sob esse ponto de vista, a obra de Michel Foucault (1995, 2000) é uma importante referência: segundo o autor, os progressos do conhecimento científico, assim como a sua difusão, contribuíram para instituir uma forma unívoca de entendimento do mundo, e as formas violentas e repressivas de dominação foram substituídas por outras preventivas e sutis. Ao mesmo tempo (no início da Idade Moderna), as resistências a essa forma única de ação e de percepção foram colocadas no domínio da desrazão, da loucura, tornando-se o outro em relação à sociedade. Inspirados nessa interpretação, vários autores – tais como Althusser (1974) e Bourdieu & Passeron (1975) – apresentam a educação popular como um mecanismo de desarticulação das culturas locais e de controle das chamadas "classes perigosas".

O respeitado historiador e professor da Unicamp defende, para o novo currículo de História no Ensino Médio e Fundamental, a substituição dos "fatos históricos" por debates acerca da construção de verdades – representações que explicam e tornam inteligíveis o passado e o presente –, tema que, talvez, se situe mais adequadamente no campo da Filosofia. Ainda que a ruptura com a tradição iluminista seja bastante comum na academia, causa incômodo em nível educacional, pois o senso comum admite o fracasso da escola, desestimulante para o aluno e desesperadora para o professor,[9] sem abraçar conceitos epistemológicos que a Proposta da Cenp e alguns pesquisadores apresentam com uma incômoda simplicidade. A aspiração por um ensino renovado, cuja metodologia garanta as condições para que os alunos cheguem sozinhos a essa ou àquela conclusão, é bastante difundida na sociedade; no entanto, há pouca adesão à idéia de que não existem verdades a serem transmitidas pela escola.

Se pais e alunos recusam, sem constrangimentos, a diluição e o questionamento dos conteúdos – entendidos como informações em si, numa concepção desvinculada dos processos que desencadeiam a aprendizagem significativa –, os professores mostram-se embaraçados e, apesar de abraçarem o discurso da modernidade e da inovação, não escondem o fascínio que a escola "tradicional, antiga e conteudista" exerce sobre eles. Os fatos sugerem a identidade conteúdo/qualidade no imaginário docente e popular, um mito reforçado pela aura de imponência e respeito que envolvia os professores e as escolas até meados dos anos 70. Com um olho no futuro e outro no passado, os professores pesquisados encantam-se tanto pelo discurso da modernidade quanto pela nostalgia da "fase de ouro da escola públi-

---

9 Mesmo sem realizar uma pesquisa atenta, talvez se possa afirmar que são nesses termos em que a escola é mais freqüentemente representada nos meios de comunicação de massa: um professor impotente e/ou desanimado perante uma clientela incapaz de compreendê-lo. Apenas a título de exemplo, poder-se-ia citar o *Chico Anísio Show*, *Golias* e *Chaves*, programas de grande audiência que, ao apresentarem personagens nessas circunstâncias, demonstram o quão banal tornou-se a crítica à escola tradicional.

ca", mostrando-se pouco coerentes em termos de referenciais teóricos. Essa constatação confirma as teses de aceitação passiva do discurso acadêmico (levantada por Cordeiro (1944)) e da "crise de identidade" dos professores tantas vezes discutida. Tais idéias nos incomodavam e nos levaram à busca da dimensão histórica e coletiva dos dilemas e impasses dos professores pesquisados, ainda que, à primeira vista, esses parecessem individuais. Movida por tais questionamentos, recorri a depoimentos orais de professores de diferentes idades.

No contato com "bons" professores mais velhos, observou-se que a *definição do que seja uma pessoa culta* pode remeter a valores completamente estranhos aos atuais mestres. Gerações de professores diferenciam-se pela bagagem de leitura – isto é, o que e como lêem –, pela noção de boa escola e pela maneira como buscam interagir sua cultura com a sociedade e com os alunos. Desse modo, depoimentos orais de professores bem conceituados e capazes de elaborar uma interpretação social para sua própria carreira foram realizados e funcionaram como o eixo da pesquisa.

Foram entrevistados nove professores. Todos trabalham ou trabalharam no Ensino Médio e Fundamental com a disciplina História em Assis ou Presidente Prudente, demonstram um bom domínio do conhecimento histórico e são considerados "bons profissionais" pela comunidade. Em razão da idade, foram divididos em três grupos (Quadro 3).

Todos eles, com exceção de Lígia, são originários das classes intermediária e baixa, e, desdobrando-se numa jornada de trabalho bem pesada, transformaram o magistério em caminho de ascensão social ou de manutenção de posição. Em cidades de porte médio como Presidente Prudente e Assis, o professor cujo trabalho seja reconhecido recebe inúmeras ofertas de emprego em colégios e faculdades particulares, obtendo salários superiores à renda média do professor da rede estadual, o que pode ser considerado uma posição privilegiada entre os pares. O esforço garante melhores condições de vida e acesso a bens culturais a ele e à sua família; esse é o caso da maioria dos professores entrevistados que possui casa própria, car-

Quadro 3 – Divisão dos três grupos de professores

1ª Geração	Idade/ data de nasc.	Formação	Situação profissional
Candia	68 anos (1936)	Graduação em História em Bauru: Sagrado Coração de Jesus (1953-1956).	Aposentada do Estado; trabalhou mais de dez anos em cursinhos e ainda leciona em uma faculdade particular.
Lígia	66 anos (1938)	Graduação em História: USP (1959-1962).	Aposentada do Estado.

2ª Geração	Idade/ data de nasc.	Formação	Situação profissional
Edna	57 anos (1947)	Graduação em História em Assis: Instituto Isolado da USP, atual UNESP (1964-1967).	Aposentada do Estado; há mais de dez anos trabalha em escola particular.
Maria Silvia	57 anos (1947)	Graduação em História em Assis: Instituto Isolado da USP, atual UNESP (1965-1968). Mestrado em História (UNESP/ Assis, 1981-1984).	Aposentada do Estado; rápida passagem por escolas particulares no início da carreira; foi diretora do Museu de Arte Primitiva de Assis no ano de 1999.
Caetano	54 anos (1950)	Graduação em Ciências Sociais em Presidente Prudente: Fafi, atual UNESP (1969-1972).	Leciona em cursinhos e na UNESP.
	53 anos (1951)	Graduação em Pedagogia (PUC/SP, 1969-1973) e História (Unoeste/ Presidente Prudente, 1987-1989).	Só trabalhou na rede particular: até 1989 como professora primária e a partir dessa data de 5ª a 8ª séries.

Continuação

3ª Geração	Idade/ data de nasc.	Formação	Situação profissional
Edson	45 anos (1959)	Graduação em História em Presidente Prudente (Unoeste, 1982-1984) e especialização em Leitura e Interpretação de Texto (Unoeste, 1999).	Trabalha na escola pública desde 1984, com várias passagens por escolas particulares, sempre no Ensino Fundamental.
Alexandre	39 anos (1969)	Graduação em História em Assis: UNESP (1982-1987).	Trabalha na escola pública desde 1987, com passagens rápidas por cursinhos e escolas particulares.
Sílvio	35 anos (1959)	Graduação em História (UNESP/Assis, 1988-1991), mestrado em História (UNESP/ Assis, 1993-1996) e doutorado em História (PUC/SP, 1997-2000).	Trabalha na escola pública desde 1991; leciona também em uma escola particular e em uma faculdade privada.

ro, oferece boa escola e faculdade para os filhos, freqüenta teatro, cinema, cursos de aperfeiçoamento e pós-graduação, além de adquirir livros. Se, por um lado, os professores alavancam certo destaque profissional e social, por outro, alguns se queixam da perda da qualidade de vida, pois trabalham os três períodos. Lígia, ao contrário, pertence a uma família que teve muitas posses e, apesar das dificuldades financeiras enfrentadas no final da carreira na rede pública, recusou-se a acumular aulas nas escolas e faculdades particulares com as 45 da rede estadual. Hoje, não lamenta desfrutar de menos conforto de que dispunha anos atrás.

Esses depoimentos não foram tomados como reveladores da verdade sobre o percurso do magistério nos últimos trinta ou quarenta anos. Trata-se de uma pesquisa que assume a perspectiva etnográfica; portanto, entende os significados como construções dos participantes do contexto social. O foco está na experiência pessoal, nas situações, na identificação dos conceitos relevantes, na visão dos envolvidos. A observação detalhada, o levantamento de hipóteses, a análise e interpretação constituem as etapas de um trabalho que tenciona registrar criações e representações do professor. Do mesmo modo que o olhar dos etnógrafos fixou, de modo mais ou menos parcial, cenas, hábitos e imaginário de diferentes culturas (como as indígenas), tornando-se valiosa fonte de pesquisa para a posteridade, a pesquisa etnográfica, aplicada à educação, permite o registro da imagem do professor, um dado que pode escapar às discussões teóricas. Assim, ela não deverá confirmar ou desacreditar nenhuma proposta de trabalho, pois o objeto desta pesquisa não são os resultados práticos da aplicação dessa ou daquela formulação intelectual, caminho que nos levaria a uma avaliação dos níveis de aprendizagem dos alunos com os quais trabalham os professores. Não se faz isso aqui, sendo interessante lembrar com Long (apud. Norte, 1997) que "os etnógrafos não pretendem testar hipóteses particulares em qualquer sentido formal. Em vez disso, tentam descrever todos os aspectos daquilo que eles experimentam da forma mais detalhada possível".

Suponho aqui que as entrevistas, juntamente com as respostas do questionário, podem indicar os traços gerais do imaginário do professor de História se não em São Paulo, ao menos no oeste do Estado. Há consciência de que o perfil dos professores varia de acordo com as regiões e muitas vezes entre cidades próximas; apesar disso, são identificados elementos comuns nas fontes reunidas, indicando tendências de mudança na cultura profissional ante as novas diretrizes pedagógicas que descartam a noção de verdade, apresentam a pesquisa como metodologia de ensino e substituem a História seqüencial por temas. Polêmica, a História temática não se impõe a todos os países; no caso da América do Sul, somente o Brasil abraçou essa perspectiva pelos Parâmetros Curriculares Nacionais da década de

MEMÓRIAS DE QUEM ENSINA HISTÓRIA 27

1990. São Paulo, de modo pioneiro, já fez tal inovação no ensino da disciplina História nos anos 80 com a Proposta Curricular da Cenp, que marcou profundamente a atual geração de professores pesquisados. Acredita-se que essa conclusão seja válida para todo o Estado de São Paulo, e que a experiência paulista evidencie impasses vividos atualmente por professores dos demais Estados da Federação. Pela exigência de atualização bibliográfica que coloca aos professores e pelo referencial teórico que a embasa, acredita-se que a História temática veio, em caráter definitivo, sepultar o tradicional amadorismo do ensino da disciplina. Sem a iniciação científica e sem a sólida formação acadêmica dos professores, a História temática não se faz possível nem compreensível. Entendo que a atual geração de professores paulistas de História, que foram impactados pelos debates da Proposta de História da Cenp no início da carreira, vivenciou uma ruptura na história da profissão docente, para consolidar a profissionalização. Para eles, a produção acadêmica e a reflexão teórica são tão importantes quanto a metodologia de ensino; preparar-se para o ofício do magistério implica familiarização com a linguagem e com os referenciais acadêmicos. Embora esta pesquisa se apresente como um estudo de caso, praticamente circunscrito à amostragem de Presidente Prudente e Assis, acredito que suas conclusões levam-nos a pensar na história do ensino de História em São Paulo, Estado que já acumula mais de quinze anos de embates e impasses no ensino temático. Busquei aproximações com a História da Cultura e, nessa perspectiva, espero que o trabalho seja lido.

Em momento algum, vislumbrei "remédios" para os males da educação brasileira. O esforço foi cruzar as falas dos professores com as diretrizes pedagógicas divulgadas no momento em que atuavam, de forma tal que discurso pedagógico e docente venham compor um conjunto de enunciados capazes de explicar a função da disciplina História e de seu ensino de formas diferenciadas ao longo das últimas décadas. Considerando que os anos 80 representam um marco de ruptura nesses discursos – por colocar para o ensino de História o referencial teórico de vanguarda que descarta a verdade dos fatos e a seqüência cronológica –, o texto se divide em duas partes: 1. analisa as entrevistas dos professores mais velhos (1ª e 2ª gerações) que se mostraram quase alheios à citada metodologia; 2. explora os questionários e as entrevistas dos professores mais jovens (3ª geração) que, de uma maneira ou de outra, dialogam com as metodologias de ensino de vanguarda.

O texto, estruturado a partir da idade dos professores entrevistados, pretende compor um quadro que indique pontos de ruptura e de continuidade na identidade profissional e no entendimento da função docente.

1
Eruditos e eloqüentes:
aqueles que contam e encantam

Diz Paul Veyne (s. d, p.10): "a História é um romance verdadeiro", cuja função é tornar inteligível a realidade passada e presente, pois o presente indaga o passado todas as vezes que os historiadores escrevem e reescrevem a História. De Tucídedes a Marc Bloch, a essência do ofício do historiador é a mesma, a construção de narrativas de acontecimentos que têm o homem como ator; no entanto, a estruturação dessas narrativas diferencia gerações e escolas de historiadores. De texto literário, fonte de erudição e entretenimento das elites ilustradas, a História converte-se em ciência e disciplina escolar no século XIX. A História-ciência, gradativamente, abandona a leveza da narrativa literária e a facilidade com que se prestava a fonte para exemplificações eloqüentes em discursos públicos ou privados.

Em uma cultura mais "tradicional", as biografias dos grandes personagens – tais como Napoleão e Lincoln – esclarecem idéias, prestigiam empreendimentos e homens. No século XX, o apreço pela oralidade parece ter cedido lugar à análise da palavra escrita. Questionar pressupostos, desnudar posicionamentos ideológicos implícitos, ler nas entrelinhas, indagar a estrutura da narrativa são exercícios intelectuais menos familiares às primeiras gerações de professores – mais afeitas à oralidade e leitura de autores que exploram aspectos gerais com preocupação ensaísta ou descritiva. As novas gerações, mais fortemente marcadas pela vivência acadêmica e pelo esforço analítico, parecem considerar a escolha das palavras, a condução do espectador, a memorização de pormenores esclarecedores e cativantes como "detalhes" secundários. Esse percurso parece ter atravessado a cultura histórica e docente em São Paulo no século XX.

Este capítulo parte das entrevistas de professores à moda antiga – aqueles que "professam a verdade", conduzem e encantam seus ouvintes –, para caracterizar a "fase de ouro da escola pública", e avança com os depoimentos da segunda geração que oferecem elementos para entender a emergência de novos valores e modelos no magistério, apesar do apreço e respeito que os professores mais jovens dedicam aos anteriores. As fontes são depoimentos orais que, na medida do possível, buscarei cruzar com a literatura referente ao tema.

História oral e memória

A introdução da história oral no Brasil data dos anos 70, mas somente a partir da década de 1990 experimentou uma expansão mais significativa, seja como método, técnica, disciplina, documento ou fonte (Amado & Ferreira, 1996, p.ix). Descartada pelos historiadores tradicionais, coloca-se, inicialmente, como valioso recurso para o estudo das sociedades sem registros escritos ou que oferecem fontes escassas; esse é o caso do continente africano, considerado sem História no século XIX.[1] Sua disseminação não apenas proporciona "presença histórica àqueles cujos pontos de vista e valores são descartados pela 'história vista de cima" (Prins, 1992, p.165), como questiona radicalmente interpretações históricas consagradas cuja estrutura baseia-se no silêncio e no esquecimento de determinados grupos. Do ponto de vista da história da educação, o registro de ex-

---

1 "Esta opinião foi insistentemente sustentada, desde a sentença de Hegel em 1831, de que 'ela não é parte da História do mundo', até a famosa observação de Hugh Trevor-Roper em 1965 ... declarando que a África não possuía História" (Prins, 1992, p.164).

periências de professores, as descrições da maneira como foram vivenciadas as reformas educacionais, e a relação estabelecida com a instituição escolar – seja como alunos seja como professores – deslocam o enfoque, tradicionalmente centrado nas políticas públicas e nas filosofias pedagógicas. A história oral, aplicada à educação, pode iluminar lugares ocultos da vida escolar, apontar formas sutis de resistência e sublinhar os efeitos de currículos, normas e diretrizes (Louro, 1991, p.22). O professor ganha relevo, o que permite resgatar impasses e aspirações da categoria, um esforço que, no caso desta pesquisa, inscreve-se num projeto maior: mapear transformações e permanências da cultura e da identidade profissional.

Os depoimentos orais, no entanto, não serão tomados como reveladores de verdades, haja vista a cisão entre Memória e História apontada desde a Antiguidade.[2] Para Maurice Halbwachs (1990), a memória só poderá existir imersa na vida social, e, à medida que um membro se distancia do grupo, suas lembranças tendem a desaparecer, pois a lembrança é uma imagem construída pelos materiais que estão, agora, à nossa disposição. Já para o filósofo Henri Bergson (1991), as lembranças são experiências que se acumulam no inconsciente, podendo ser trazidas ao presente por força da situação vivida. Como observou Ecléa Bosi (1987, p.17), ambos os autores colocam a necessidade de se atentar para a articulação que a conservação do passado estabelece com o presente; ou seja, o estudo da memória deve inserir-se numa tentativa de compreender o lugar onde o sujeito é produzido, pois lembrar é refazer, reconstruir, repensar, com idéias e imagens de hoje, as experiências do passado. Desse modo, busquei, prioritariamente, identificar a imagem que o depoente mantém acerca de si e da profissão.

As entrevistas obedeciam a um roteiro de questões que versavam sobre a vida escolar, como docente e como discente, o que não excluía fragmentos de sua história de vida reveladores de um contexto maior,

---

2 De acordo com Platão e Aristóteles, a memória é um componente da alma, não se encontrando na parte intelectual do indivíduo (Le Goff, 1984).

as origens sociais e familiares. Os depoentes mantêm relações de amizade com o entrevistador, o que – segundo os teóricos da história oral – facilita o depoimento: "Mais do que em outras formas de investigação, aqui [na História oral] é fundamental o estabelecimento de laços de confiança entre os sujeitos envolvidos" (Louro, 1991, p.25).

Primeira geração: "a fase de ouro da escola pública"

Segundo Nadai (1991), "a fase de ouro da escola pública" teve duração efêmera, compreendendo os anos finais da década de 1950 e os primeiros da seguinte, quando os egressos das poucas faculdades criadas a partir de 1930 para formação de docentes eram a maioria dos professores secundários e imprimiram seu perfil – caracterizado pela seriedade, domínio de conteúdo e rigor nas avaliações – nas escolas públicas.

No final dos anos 50, havia uma única faculdade para formação de professores de História no interior do Estado de São Paulo, era o Sagrado Coração de Jesus em Bauru; e na capital o número também era reduzido, destacando-se a USP, as faculdades católicas que deram origem à PUC e o Mackenzie. Seus ex-alunos disputavam aulas das várias disciplinas no ginásio, no clássico, científico ou no magistério com professores que não tinham formação específica; eram pedagogos, advogados, jornalistas, professores primários, dentistas, farmacêuticos e outros que assumiam o cargo de professor de história, geografia, matemática, física... mediante nomeações que atendiam ao clientelismo característico do sistema político brasileiro.

Segundo depoimentos recolhidos por Nadai (1991), os professores dos anos 20, 30 e 40 não formavam um bloco monolítico; alguns autodidatas bem preparados, outros displicentes, sem domínio de conteúdo ou sem didática inscreviam-se numa escola caracterizada pela improvisação. Alguns mestres respondiam pelas aulas de disciplinas muito diferentes entre si, como geografia e matemática (ibidem, p.52) e amparavam-se em cadernos amarelecidos de ex-alunos, a partir dos quais, ao longo dos anos, repetiam exercícios e lições que não compreendiam em profundidade. Para Fernando de Azevedo, por mais que um professor sem formação específica tenha bom desempenho perante os alunos, dificilmente será capaz de pensar criticamente sua disciplina ou justificar seu trabalho pedagógico (apud. Nadai, 1991). Tais atributos são parte do perfil e do comportamento mais padronizado que se verifica nas escolas públicas quando os egressos das faculdades de filosofia formam a maioria do corpo docente, compondo a sua chamada "fase de ouro".

Os cursos de formação de professores secundários (física, matemática, história etc.) demoram a se impor no Brasil – Sedes Sapientiae data de 1932 e a USP de 1934 –, visto que não havia mercado de trabalho que os justificasse, ou seja, a oferta de empregos era muito reduzida. A expansão da rede escolar foi lenta, e, até a década de 1960, os colégios particulares eram maioria e fugiam à regulamentação estatal, particularmente os religiosos nos quais as freiras e os padres representavam a maioria do corpo docente. A partir dos anos 50, a criação de escolas foi uma das principais recompensas que os políticos ofereciam aos seus eleitores; nesse sentido merece destaque a atuação de Jânio Quadros no governo estadual, que criou no interior inúmeras escolas e até mesmo faculdades, alguns *campi* isolados da USP. Pela primeira vez na história do Brasil, o número de escolas públicas supera as particulares, e, por meio de concursos, são garantidas vagas para os portadores de diploma das faculdades de filosofia. No governo Carvalho Pinto, há um passo importante na profissionalização do trabalho docente: o salário dos professores formados equipara-se com o dos demais funcionários públicos com nível superior, o que representou um acréscimo de 40% na renda dos professores do "novo tipo" (Nadai, 1991, p.71).

Se os professores mais velhos no final dos anos 50 caracterizavam-se pelos caderninhos amarelecidos, os jovens, com formação universitária, destacavam-se pelo uso de mapas, fichamentos, visão abrangente da disciplina, rigor na cobrança e pela capacidade de descrever um mundo inusitado. Em depoimentos recolhidos por Nadai, ex-alunos dos professores recém-licenciados apresentaram a escola como o único veículo que possibilitava ampliar os horizontes, descobrir o mundo, entender o que estava em redor, superando as experiências particulares de vida do seu grupo. Essa função era cumprida, principalmente, pelos professores de História que descreviam episódios e quadros do passado com grande capacidade:

> Nós vivíamos em um ambiente muito fechado, em Penápolis, provinciano, e a escola abria horizontes. A D. Vitalina chegou aqui falando da civilização egípcia; então despertou uma curiosidade tremenda. Ninguém sabia falar nada daquilo. Então chamou a atenção. (Nadai, 1991, p.113)

Lígia e Candia, renomadas professoras de História que concederam entrevista, foram alunas no ginásio e no secundário do Instituto de Educação Fernando Costa em Presidente Prudente, fundado na década de 1930 quando a sociedade se mobiliza e arrecada fundos para a construção do prédio e para o pagamento do primeiro ano de salário dos professores (Ribeiro, 1999). Nos anos 40 e 50, aprenderam com o primeiro grupo de professores que se estabeleceu no colégio, quase todos vindos de São Paulo, encantando a todos com sua cultura. O fascínio foi tanto que escolheram o ensino de História como profissão, como se observa pelos dois depoimentos:

> *Como começa seu interesse pela História?*
> Candia – Eu tive a sorte de encontrar professores maravilhosos. Quando estava na 6ª série, tive um professor que me encantava quando contava a história da Grécia. Talvez por isso eu goste tanto da História Antiga. Quando criança, estudei História Antiga na 5ª e 6ª séries. Eu era menininha, tinha onze anos e ele mostrava no mapa onde estava a Grécia, contava as histórias, eu ficava deslumbrada e aquilo me despertou. Foi muito bom...
>
> *Quando a senhora optou pelo magistério? Terminou a 8ª série e já pensava em ser professora de História?*
> Lígia – Meu pai queria que eu fizesse geografia, aqui já tinha essa faculdade. Mas eu não quis geografia.

Houve algum motivo especial?
– Eu fui muito influenciada por uma professora que ainda está viva. Foi minha professora de História a vida toda. Era muito capaz, uma inteligência, uma cabeça, uma memória... Era concursada, tinha feito faculdade e me estimulou muito. Com ela, eu aprendi a gostar de História. Eu a admiro até hoje...

Nadai sugere que a História despertava particular interesse nos alunos pelo exotismo das civilizações antigas, capaz de sensibilizar e aguçar o romantismo dos jovens. Uma de suas entrevistadas afirma: "eu adorava História da Civilização, principalmente História do Oriente, não a do Brasil ... era tão distante, tão romântico, eu gostava de sonhar com aquelas coisas do passado" (apud Nadai, 1991, p.51). Sem dispor de filmes ou *slides*, a composição de um quadro capaz de sensibilizar o aluno dependia basicamente da capacidade do professor de fazer, oralmente, uma descrição rica em detalhes e fatos pitorescos; esse tipo de aula Candia parece ter aprendido com os seus professores e o manteve como modelo de ensino eficiente de História:

> Não existe um bom professor de História que não leia muito. Não que leia um pouco. Que leia muito. À medida que você lê, enriquece o seu saber. Naturalmente, se você enriquece o seu saber, vai contar para alguém. Tem um prazer muito grande em contar. Então as suas aulas ficam bonitas porque são ricas em aspectos variados, em curiosidades, fatos pessoais e particulares, fatos que circundaram aquele acontecimento. A aula não fica árida. Por exemplo: alguém diz que irá contar a guerra do Paraguai. Não é assim. Você começa apresentando o terreno, o território, os personagens, para depois montar a guerra. À medida que descreve esse entorno, o aluno envolve-se com a guerra, entendeu? É uma delícia, mas, para você ter um professor assim, é necessário um preparo de muitos anos. Há quarenta anos estou contando história e gosto do que eu faço. Antes de ser professora já gostava de ler.

Segundo Caetano, professor de cursinho desde os anos 70, essa riqueza de detalhes aliada à boa memória e a uma dose de malandragem são os segredos da boa aula nos cursos pré-vestibulares. As minúcias ele tira de livros praticamente esquecidos que descobria em sebos em São Paulo, como Henri Thomas, Otávio Tarquínio de Souza, Varnhagem, general Couto de Magalhães, Gilberto Freyre, Capistrano de Abreu, Ayres do Casal;[3] são biografias e livros de autores que viveram no século XIX ou se pautam no modelo tradicional ou positivista de História que valoriza os heróis. A ênfase na história de vida permitiria não apenas a riqueza de detalhes, mas também uma maior aproximação com o período e certa empatia com os personagens históricos. Ouvindo esse professor, pode-se supor que a oralidade e a capacidade de sensibilizar o aluno romanceando a História são pontos em comum nos cursinhos pré-vestibulares com as boas aulas de História da "fase de ouro da escola pública". Em ambos os casos, observa-se que o fascínio da narrativa oral não dispensa o aluno dos estudos em casa.

Lígia conta que ela e uma amiga de sala tinham sempre as maiores notas, pois sabiam estudar, adequando-se ao modelo expositivo:

Como ela dava aula?

Lígia – Ela adotava um livro... Se a matéria que estava dando naquele ano era História Geral, era um livro de História Geral. Ela expunha a matéria; entrava em sala falando e, quando batia o sinal, ia abrindo a porta e explicando a matéria. Era assim mesmo: entrava falando e saía falando. Embora adotasse um livro, fazia muitas perguntas na prova que não estavam no texto. Eram temas das suas explicações orais ... Como eu te falei, éramos em três na sala do Instituto de Educação Fernando Costa.

Três moças e quantos moços?

– Nove. Então, por exemplo, no 3º científico quando éramos três moças, eu e essa colega, chamada Motoko, copiávamos a aula. Eu levava caderno velho e papel de embrulho; não comprava caderno novo para isso não. Pegava papel de embrulho, cortava, ou então caderno velho e nós anotávamos o que nós podíamos das aulas. Depois nos juntávamos para ver as nossas anotações. Às vezes eu começava a anotar alguma coisa, perdia o fio na meada, mas a Motoko copiava.

---

3 Também Candia, igualmente professora de cursinho por muitos anos, conta que comprava livros antigos desde os tempos da faculdade. Segundo ela, "os autores antigos são mais interessantes e ricos".

O que uma perdia a outra pegava.

– O que uma perdia outra pegava... De tanto que gostávamos das aulas, fazíamos o nosso ponto. Não nos contentávamos com o livro. A Motoko não fez História, mas eu sim. Ela fez Biologia na USP. Anotávamos coisas que os outros colegas perdiam da explicação dela. Resultado, eu e a Motoko tirávamos as melhores notas. Primeiro, porque nós estudávamos com prazer; segundo, porque nós anotávamos as aulas da professora.

Normalmente se diz assim: a aula expositiva precisa de um pouquinho do pitoresco, da biografia, dos heróis. Senão fica aula muito chata. A aula dela tinha esse pitoresco?

– Tinha ... senão a aula fica muito cansativa e o professor também se cansa, ele só fica falando, falando. São cinqüenta minutos de aula.

Além de estudarem o livro, faziam um texto (um "ponto") com a aula da professora, sendo capazes de reproduzi-lo nas provas. Assim como Candia, Lígia afirma que as provas, baseadas em questionários, cujas respostas eram decoradas pelos alunos, foram produtos da crise do ensino e somente conheceram professores que trabalhavam desse modo a partir da década de 1970. "No seu tempo", as provas eram escritas e não se utilizavam testes; no entanto, pela descrição de Candia, as avaliações dissertativas não excluíam memorização – embora exigissem capacidade de expressão e ampla visão do processo histórico:

Candia – Eu lecionei nos anos de 1957, 58, 59 e toda a década de 1960. Nos anos 70 começou essa aula nova, essa tecnologia, as provas com testes, alternativas de múltipla escolha. Eu me lembro com nitidez das minhas provas nos anos 50 e 60: eram provas dissertativas. Vamos supor: o professor dava três propostas. Por exemplo, a importância da educação em Esparta. Faça o paralelo entre a educação espartana e a educação ateniense. Era uma questão dissertativa que dava liberdade para o aluno mostrar o que sabia. E o professor incentivava para você começar localizando Esparta e Atenas, entendeu? O aluno deveria mostrar a situação geográfica, a influência da geografia na vida da sociedade, o porquê de uma cidade ser militarizada e a outra intelectualizada. O aluno ficava livre e o professor dava oportunidade para ele mostrar o que sabia. Hoje não se dá esta liberdade.

Quanto escrevia um aluno de 6ª série? Umas duas páginas?

– Uma prova demora 45 minutos, então é uma dose para 45 minutos. Se o professor colocava quatro questões, o aluno escrevia dez linhas em cada questão. É uma prova e não um trabalho. Como eu fazia as minhas provas? Da mesma maneira. Então nos anos 60, as provas eram questões dissertativas; nos anos 70, isso era condenado. O que era uma boa prova nos anos 70? O que era moderno? O que era o bom professor? O que era visto com bons olhos pelo diretor e pela coordenadora da escola? Provas objetivas, x, múltipla escolha.

Ao final do curso secundário, o aluno deveria ter domínio de certos conteúdos definidos pelos programas oficiais. Até a LDB de 1961, a programação era unificada, centralizada, e tanto professores como alunos conheciam claramente suas obrigações/responsabilidades: ao mestre, cabia adequação do programa às classes, e ao educando, a assimilação; cada qual era controlado por meio de exames supervisionados pelo inspetor federal. A flexibilidade curricular e a autonomia docente vão-se impondo muito lentamente, de forma tal que a avaliação do desempenho na escola ficava centrada nos conteúdos e não em competências. Desse modo, leitura e escrita são vistos como meio – não como fim – e o conhecimento histórico como algo cumulativo, e os adquiridos no curso secundário somam-se aos da faculdade e assim por diante, pois não se questiona sua veracidade. Diz Candia:

O que é um professor? É aquele que professa. Por que ele professa? Porque ele te ensina a verdade. Não é professar mentira. A profecia está ali. Você se preparou na vida para professar a verdade. Então você é um professor. É aquele que ensina, aquele que conduz, que dirige. Então você precisa mostrar para o aluno a importância do que está estudando porque você é um semeador de cultura. A criança e o jovem devem ter um carinho pela cultura e saber que isso é um espaço importante na vida deles.

Sem cultura não adianta diploma. É o que eu digo, se você é cabeleireira, fez faculdade e não aprendeu o suficiente, não enriqueceu a sua cultura, vai continuar cabeleireira.

O carinho pela cultura é mais importante que o diploma, pois ser professor é assumir uma postura de vida e não portar um certificado. O professor afirma-se como tal por uma relação emocional forte com os alunos e os livros. Ela defende que cada professor tenha uma biblioteca em casa, pois "reflete o que você é". Para formá-la, Candia remete aos livros que nos marcaram:

> O aluno tem mania de dizer que é pobre ... Pergunto: "Cadê os livros das crianças de quando fizeram o primário, o ginásio? Onde estão?". As mães jogam fora. Eu vejo no lixo. Terminou o ano, jogam fora o livro que deveria fazer parte do intelecto da pessoa. Como ter intelecto se não ama os livros, não respeita, joga no lixo? Não vai ter. O intelecto não é importante.

Essa relação emocional forte parece basear-se no missioneirismo do magistério. Não se põe em questão o comprometimento dos professores mais antigos com o aluno: segundo dizem, não faltavam,[4] preparavam e corrigiam provas minuciosamente, estudavam com antecedência os temas das aulas[5] e o faziam por amor ao conhecimento e à profissão. A preparação e correção de atividades não são lembradas como sobrecarga de trabalho. A extremada dedicação desvincula-se, no discurso, da questão financeira, visto que se entendem como intelectuais com uma alta função: garantir o desempenho dos alunos. Candia conta que ficava surpresa quando aparecia um professor substituto, que dava uns poucos dias de aula e passava horas na secretaria desesperado com a papelada para garantir o pagamento e a contagem do tempo para uma aposentadoria remota e distante: "a gente nem pensava nisso, nosso compromisso era com o aluno".

---

4 Diz Candia: "A gente nem sabia que tinha abonada".

5 Lígia ensina: "Não adianta estudar hoje para dar aula amanhã. Vamos supor que vá trabalhar Revolução Francesa; semanas antes preciso começar a ler e fichar textos sobre o tema. Esses fichamentos devem ser guardados para o ano seguinte, senão se recomeça sempre do zero. Na véspera a gente só organiza as idéias".

Segundo Nadai (1991), na época que os rendimentos dos professores se equiparavam com os do Judiciário, os mestres não ganhavam tanto como se supõe atualmente, pois os salários dos juízes se distanciaram dos pagos aos demais funcionários públicos a partir da década de 1980. Os rendimentos do magistério, efetivamente, eram superiores aos de hoje, porém a fase corresponde a um período de crescimento da economia brasileira. A queda do poder aquisitivo do professor, a partir da década de 1970, acompanharia uma tendência geral de perda salarial dos brasileiros com o esgotamento do "milagre brasileiro". A autora enumera declarações dos anos 40, 50 e 60 que destacam a grandiosidade da missão do professor ante os baixos salários:

> Tornou-se ... uma expressão de classe o professor exclamar: "Ah! Mas se o governo não remunera regular e satisfatoriamente o nosso trabalho, com que estímulo podemos lecionar?". Se é legítimo o descontentamento em face da indiferença governamental, não será legítimo que o professor misture esse estado de coisas com o exercício de sua missão. Haveis de vos rir interiormente, já o presumo – se vos disser que ser professor é saber renunciar, é ter uma elevada missão a cumprir, e uma missão que não pode ser comprometida pelos percalços da vida financeira. Dir-vos-ei simplesmente: não escolhêsseis então a carreira docente sabendo de antemão que num país como o nosso – que tanto necessita da ação do mestre para não submergir – o professor é mal remunerado, é tratado como simples operário... (Spina apud Nadai, 1991, p.245)
>
> Não pretendemos repisar aqui conceitos já bastante conhecidos a respeito da alta missão que cabe ao professor, modelador de inteligências, responsável em grande parte pelo destino da própria nacionalidade ... Não tocaremos no aspecto financeiro do problema, porque estamos convencidos de que ninguém, em sã consciência, pode afirmar que um professor, recebendo o que recebe, tem possibilidades de manter em dia sua biblioteca (o seu pão do espírito) e de dar à sua família e a si próprio um pouco de conforto ... Sofrendo, mas não devendo deixar transparecer seu sofrimento; cansado, mas procurando dar tudo para a eficiência da aula; assaltado por mil e um problemas que a todos afligem nessas horas difíceis, mas falando a respeito de assuntos bem diversos, por força da profissão ... Para nenhum outro cabem de maneira mais exata as palavras do poeta, quando disse, num momento de inspiração sentida e humana:

"Quanta gente que ri, talvez existe,
Cuja ventura única consiste
Em parecer aos outros venturosa". (Azevedo apud Nadai, 1991, p.24)

O professor típico da década de 1960 pauta-se numa ética que, segundo Nadai (1991), constituía o "espírito do grupo", fator de união e de diferenciação do professorado no interior da sociedade – e que se perdeu com as reformas educacionais dos governos militares. O missioneirismo estaria acima das limitações colocadas pelas condições de trabalho; desse modo, o mestre se desdobra e ultrapassa barreiras. Independentemente de dilemas e dramas individuais, o professor assume uma imagem, representa um papel decisivo tanto para seu sucesso profissional como para a motivação pessoal. Trata-se da mítica do "bom professor" descrito pela autora:

o bom é aquele que domina os conteúdos, leva o aluno a fazer o mesmo por ser rigoroso, responsável, cumpridor do seu dever e, por isso, admirado; em suma, um modelo. Esse professor "tradicional" cuida do discurso, policia as palavras, observa a construção das próprias frases, memoriza[6] o conteúdo das aulas e as planeja minuciosamente.

Em tais planejamentos, as reações dos alunos dos anos anteriores parecem ser a principal referência, visto que os preceitos da Escola Nova tinham pouca penetração no chamado ensino secundário.

A aula representa um espetáculo performático. O zelo com a aparência pessoal completa um quadro que deve envolver o aluno-espectador e despertar sua admiração. As mulheres sempre com vestidos ou saias e blusas sem decotes exagerados,

vestimentas adequadas à aparência recatada, saudável e asseada – unhas cortadas, limpas ou pintadas – cabelos arrumados, roupas bem passadas, sapatos e bolsas combinando, constituíam os sinais da postura desejada e adequada ao *status*; jamais calça comprida, bermudas ou sandálias havaianas. (Nadai, 1991, p.38-9)

---

6 Conta o professor Jaime Monteiro a Nadai (1991, p.35): "No início (da carreira) preparava aulas à noite; eu não queria passar vexame, ter uma pane de memória".

A elegância da aparência e das palavras se completa com os gestos: não se sentar sobre a mesa, cortesia e atenção/dedicação no trato com o aluno; embora o jovem pudesse ser atendido até fora do horário das aulas, os professores disseram evitar intimidades. A relação buscada é de liberalismo sem intimidades.

O professor era um personagem temido e admirado por pais e alunos, uma vez que a continuidade dos estudos, naquela época, efetivamente garantia um futuro melhor. Se, por um lado, eram temidos e evitavam aproximações, por outro, estabeleciam uma relação afetiva forte. O compromisso com os alunos, a admiração deles, o bom humor e o prazer de contar parecem ser componentes fundamentais da boa aula expositiva. Essa metodologia de ensino começa a ser questionada a partir da década de 1950 e, hoje, muitas vezes é descrita como a maneira mais fácil de lecionar; supostamente daria menos trabalho. Aos olhos de Lígia é a mais difícil por exigir um estado de espírito positivo e constante; segundo ela, quem efetivamente chega ao aluno e gosta da sala de aula tem maior sucesso na aula expositiva porque o termômetro é a própria sala.

Tanto Lígia como Candia se diferenciam dos demais professores entrevistados pelo apego à mítica do "bom professor"; no entanto, Candia teria – segundo Lígia – o que lhe falta: o carisma que cativa o aluno. Assim, após a aposentadoria do Estado, Lígia se desfaz dos seus livros e não deseja nem mesmo passar na frente das escolas onde trabalhou, enquanto a outra "não consegue parar de contar história". Candia afirma que tentou ficar longe das salas de aula, mas, quando dava por si, estava procurando ouvintes.

A fluência da fala, o tom de voz variável com entonação e a gesticulação a destacam; dir-se-ia que tem o dom de narrar e de manter o interesse do seu ouvinte, o que pode justificar a paixão que dedica ao trabalho. Lígia, por sua vez, ressente-se dessa "falta de afeto com o aluno" e trabalha diferente: Candia expõe oralmente um quadro rico e, conforme a descrição de ex-alunos, mostra-se amável e mantém disciplina; Lígia "trabalha o texto" – ou seja, exige do aluno uma leitura crítica, capaz de revelar a "estrutura do texto" – e, rigorosa, conduz a sala com autoridade, o que desperta a admiração do diretor exigente:

Eu era brava; naquela época todos eram. Certa vez, os alunos estavam lendo um texto em sala. Todos quietos e eu também, fiscalizando. O Ivo, um diretor muito chato, apareceu na porta reclamando porque a luz estava acesa. Ele pensou que não tinha ninguém na sala e a luz estava acesa. Ele não admitia isso. Quando nos viu levou um susto danado, tamanho era o silêncio. Ele vivia contando essa história para todo mundo; ele gostava muito de mim e dizia brincando para ninguém se meter comigo porque eu era muito brava. E era mesmo. Também os alunos tinham um respeito pelo professor ... Hoje não existe mais isso...

O envolvimento afetivo de Candia perpassa a profissão, o tratamento do aluno, o conhecimento e os livros. Ela entende que o livro é algo que se preserva e se cultua por "fazer parte da nossa vida" e não pode ser tratado como mercadoria: "biblioteca não é algo que você monta, é algo que você junta lentamente ... Então os livros de sua biblioteca refletem o que você é. Eu amo a biblioteca da minha casa, os livros da minha casa; eles fazem parte da minha vida".

Guiando-se por sua vocação intelectual, valoriza, além das biografias, os grandes compêndios de História, como Cesare Cantu, Will Durant, Burns e enciclopédias. Como o aluno "duvida do que a gente fala", procura sempre levar para a sala textos de época que juntou ao longo da vida; são jornais do tempo da Revolução de 1932 (guardados pelo pai), da ditadura militar, números de revista que falavam sobre a corrida armamentista na guerra fria, a chegada do homem à Lua; as cartas escritas por personagens históricos, como Pedro I ... Lígia, formada na USP em 1962, ressente-se da formação recebida à medida que tomou contato com o conhecimento de maneira fragmentada:

O que a senhora quer dizer quando fala que a formação era mais para pesquisa? Como eram as aulas? A formação era mais teórica do que a atual?

Lígia – Era tão teórica que mesmo sendo boa aluna na graduação, tive muita dificuldade no começo do magistério. Como fui treinada para a pesquisa, queria que os meus alunos fizessem pesquisa também; mas a gente não tinha material didático para isso. Os livros não despertavam a atenção do aluno e não encaminhavam para a investigação;

o conhecimento vinha pronto. O assunto era colocado de uma maneira que o aluno tinha que engolir e fim de papo. Não havia onde pesquisar. Os livros que eu tinha para pesquisa eram os usados na faculdade ... a gente não ia dar isso para uma criança. E as bibliotecas das escolas também não tinham esses livros ... A primeira escola onde eu lecionei foi em Poá, subúrbio de São Paulo. Era uma escola estadual que não dispunha de biblioteca.

Mas esta dificuldade era mais da senhora ou dos professores de modo geral? Os demais colegas de trabalho tiveram mais ou menos a mesma formação da senhora.

– Era a mesma formação. Agora, muitos professores formados em pedagogia naquela época tinham autorização para lecionar história, matemática, geografia...

...

Embora tenha uma formação mais voltada para a pesquisa, também estudou aquela história factual? Revolução Francesa, a Primeira Guerra...

– Na faculdade? Não.

A senhora lembra como eram aulas de algum curso? Só para a gente ter uma noção.

– Na História Moderna, nosso professor só falava de Revolução Francesa, da primeira aula do ano até à última. As provas, tudo, tudo ... os trabalhos, as pesquisas, tudo sobre Revolução Francesa. A tese de doutoramento dele ... tinha sido sobre a Revolução Francesa. Ele só ensinava Revolução Francesa, era como se os demais temas não existissem, entendeu?

Os cursos eram sempre temáticos?

– Geralmente, era o tema indicado pelo professor e ele discorria sobre aquilo o ano inteiro. Nós ficávamos só com aquela visão particularizada; por exemplo, em História Moderna eu só aprendi sobre Revolução Francesa. A hora que comecei a lecionar, tive que preparar muito as minhas aulas. Ficava pesquisando e planejando, fazia fichas, senão me perdia. Os assuntos iam mudando, ficava quatro ou cinco aulas num assunto e depois já vinha outro.

A hora que dava conta de um já tinha outro.

– Eu vivia preparando aulas, perdia um tempão com isso.

Quais fontes a senhora usava para preparar aula?

– Tinha que ir à biblioteca e passei a comprar livros. Comprei poucos livros durante o curso porque eu morava perto da biblioteca municipal e a freqüentava de manhã, à tarde e à noite. Fazia os meus trabalhos, minhas pesquisas, os meus estudos, fichava livro, resumia, tudo e depois estudava. Então eu não comprei muitos livros enquanto estudante, comecei a comprar para dar aula.

E a senhora lembra de algum livro que particularmente a tenha ajudado a construir uma visão mais ampla da História?

– Na História do Brasil, o Hélio Viana e a coleção *História Geral da Civilização Brasileira*, organizada pelo Sérgio Buarque de Holanda. Eu comprei alguns volumes dessa coleção. Comprei uma porção de livros de História da América ... Eu me lembro que comprei um outro autor até muito discutido, o Paulo Setúbal. Doei toda minha coleção quando me aposentei. Só fiquei com uma enciclopédia.

Essa preocupação em formar pesquisadores, assim como a estruturação de cursos temáticos, foi introduzida no Brasil nos anos 30 com os professores estrangeiros que vieram lecionar na faculdade de Filosofia Ciências e Letras da USP. O núcleo inicial de professores do curso de História e Geografia reunia intelectuais brasileiros, autodidatas ligados aos Institutos Histórico e Geográfico, mas a maioria era constituída de franceses – sendo nítidas as diferenças das aulas dos dois grupos. Os europeus eram jovens, não catedráticos e tinham a missão de alavancar a pesquisa no Brasil a partir dos mais recentes paradigmas de cientificidade. Os males do Brasil eram vistos como produto da incultura e do desconhecimento dos problemas fundamentais do país.

Irene Cardoso (1982) demonstra que, logo após a derrota de São Paulo na Revolução de 1932, Vargas fez concessões à elite paulista, dentre as quais se destacam a fundação da USP – que poderia viabilizar a hegemonia de São Paulo no plano da cultura – e a indicação de Armando de Salles Oliveira para interventor do Estado (oficialmente o fundador da chamada Universidade da Comunhão Paulista). Articulavam-se um projeto modernizador e a reelaboração do "pensamento nacional"; portanto, os intelectuais nacionais – autodidatas que atuavam em vários campos sem nenhuma especialização

– foram preteridos e ressentiram-se.[7] Eurípedes Simões de Paula assim se refere à questão em 1951:

> Muitos autodidatas se insurgiram contra ela [USP], sentindo-se prejudicados. Um deles propunha-se apenas para professor de Literatura Mundial ... Como esses muitos e alguns ainda aparecem na diretoria da faculdade dispostos a lecionar quatro, cinco, seis disciplinas diferentes: são especialistas "polivalentes". (apud Nadai, 1991, p.163)

Os estrangeiros adotaram o questionamento, a problematização e a observação cuidadosa como metodologia de ensino com vistas à formação de pesquisadores/especialistas que desenvolvessem um pensamento original. Segundo ex-alunos das primeiras turmas da FFCL da USP, os brasileiros, ocupando a cadeira de História do Brasil, lecionaram com base em outro paradigma:

> Os franceses ministravam cursos monográficos, eram extremamente exigentes com o planejamento das aulas, portavam sempre fichinhas e se preocupavam em nos ensinar o método do trabalho do historiador ... em classe o Gagé analisava documentos, fazendo uma leitura cuidadosa e interpretação. As aulas do Monbeig eram vivíssimas; ele dava as práticas, nas quais usava todo tipo de documento: trabalhávamos com gráficos, mapas, cartas geográficas ... era um professor extraordinário, porque ele veio da França nos ensinar como era nosso país; nós não o conhecíamos; fizemos numerosas excursões com ele. Fomos às zonas pioneiras do sul do Estado de São Paulo, a Itaporanga, a Rio Claro estudar as cuestas ... Com o professor Alfredo Ellis, catedrático de História do Brasil era uma outra história, bem diferente da veiculada nos cursos de América Ibérica, História da Europa Ocidental etc. Ele era um professor dissertativo, apresentava uma riqueza de detalhes, de pormenores, de datas, e de aspectos pitorescos. Vivia contando anedotas sobre os personagens estudados. (ibidem, p.229-30).

---

7 Acostumados à tradição da República Velha, quando o preenchimento da primeira Congregação das Escolas Superiores era prerrogativa do governo, muitos intelectuais autodidatas esperavam integrar o corpo docente da nova universidade e, sendo preteridos, aguçaram manifestações de preconceitos contra os estrangeiros (Nadai, 1991, p.162).

MEMÓRIAS DE QUEM ENSINA HISTÓRIA   47

A Faculdade de Filosofia Ciências e Letras era considerada inovadora perante as outras, porque a cultura geral cedeu lugar à especialização visando desenvolver a iniciação científica. Os cursos de História e de Geografia separam-se em 1953; excursões, pesquisa bibliográfica e de campo se impõem com o objetivo de formar pesquisadores. Em contrapartida, as disciplinas pedagógicas são vivenciadas pelos alunos como estudos menores. Esse espírito de pesquisa impõe-se na USP, preside a criação dos *campi* isolados no interior e, de certa forma, está na base da "mentalidade moderna", que renova o pensamento e o sistema educacional no Brasil.

Segundo Nadai (1991, p.184), a desvalorização das disciplinas pedagógicas reflete o pensamento dos professores estrangeiros que tomavam a formação científica como qualidade suficiente para o futuro professor. Num extremo oposto, na própria USP, Fernando de Azevedo (apud Nadai, 1991) defendia a constituição de um saber pedagógico com embasamento científico; estudioso da Sociologia da Educação, ressaltou que essa disciplina permite produzir um discurso científico capaz de diagnosticar e orientar a intervenção humana no ensino e na organização da sociedade. Esse posicionamento "ilustrado" opunha-se não apenas ao espontaneísmo pedagógico dos professores estrangeiros, mas também à "mentalidade tradicional" que retomava os ideólogos e o modelo cultural do passado para afirmar a moral cristã.

Pedro Pagni (2000, p.57) destaca que tanto a mentalidade tradicional como a mentalidade moderna partiram de um problema comum: a crise dos valores espirituais e humanos provocada pelo desenvolvimento da ciência, da tecnologia e da industria. O Manifesto dos Pioneiros da Educação Nova de 1932 afirma que os tradicionais têm uma cultura superficial, estreita, "fácil e apressada de autodidatas cujas opiniões se mantêm prisioneiras de sistemas"; eram autodidatas em ciências humanas, quase sempre advogados, médicos ou engenheiros que receberam uma formação voltada para o exercício profissional, pois as faculdades anteriores à USP não faziam a iniciação científica. Segundo o Manifesto de 1932, as causas profundas da "flutuação dos espíritos e da indisciplina mental, quase anárquica que revelamos em face de todos os problemas" devem ser buscadas nessa cultura superficial e eloqüente. O texto defende a criação de universidades capazes de dar força, eficácia e coerência à ação dos homens", superando "esse 'estado de ânimo nacional'". A perspectiva abertamente iluminista pressupõe a ação conseqüente de uma vanguarda intelectual formada nas universidades: em sua continuidade, o documento afirma que, nas "sociedades modernas", a universidade está destinada a formar uma elite de pensadores, sábios, cientistas, técnicos e educadores.

Os pioneiros da Educação Nova afirmam que até o início da década de 1930, no Brasil, "nunca se deu a educação que a elite pode e deve receber"; somente as universidades ofereceriam a formação adequada porque estuda e busca soluções às "questões científicas, morais, políticas e econômicas". Já os "tradicionais", influenciados pela tradição da Contra Reforma (tais como Alceu de Amoroso Lima e Jackson de Figueiredo), propunham a religião como base da nacionalidade e, defendendo a tutela da Igreja sobre o ensino público, viam na educação o meio de formar a consciência de uma nação católica e cristã. Iniciado nos anos 30, o embate entre o humanismo cristão e o iluminismo renovador polarizou os debates educacionais pelo menos até a década de 1950.

Os defensores do ensino público e laico pressupunham a constituição de um corpo teórico – uma ciência da educação – que maximizasse o resultado do trabalho em sala de aula e uma regulamentação pública que, "aplicando a doutrina federativa e descentralizadora" e obedecendo aos "fundamentos da educação nacional", fixados na Constituição, levasse adiante "uma obra metódica e coordenada, de acordo com um plano comum, de completa eficiência, tanto em intensidade como em extensão" (Manifesto, 1959, p.69).

A regulamentação pública reivindicada em 1932 se concretiza em 1961, com a primeira Lei de Diretrizes e Bases da Educação Nacional, apontada como uma vitória da "mentalidade moderna"; no entanto, as novas metodologias de ensino parecem influenciar pouco os professores na "fase de ouro da escola pública".

O perfil do professor secundário nos anos 60 denota mais dedicação e missioneirismo jesuítico que a assimilação dos novos méto-

MEMÓRIAS DE QUEM ENSINA HISTÓRIA   49

dos de ensino. As ciências educacionais, pautadas principalmente na psicologia e na sociologia, colocam a necessidade de constantes alterações, de modo a levar a escola a educar para a vida e, desvinculada do currículo enciclopédico, a ensinar fazendo. Recomendam-se práticas que rompam com a passividade do aluno, tais como excursões, vinculação dos conteúdos com a realidade do aluno e a integração com o mundo do trabalho. Valoriza-se também o trabalho em grupo como forma de desenvolver a arte do convívio social e a revisão do papel do professor, tradicionalmente visto como um transmissor de informações.

Embora Lígia tenha freqüentado uma faculdade que adotava metodologias de ensino diferenciadas, ela afirma que a formação de pesquisadora dificultou – ou pelo menos não ajudou tanto como desejava – o trabalho de professora iniciado em 1961. Os cursos temáticos criaram lacunas, e a postura questionadora, problematizadora, tornou-a pouco receptiva à metodologia tradicional. Comparando seu depoimento com os recolhidos por Nadai, observam-se confluências: a autora conclui que os egressos da USP inovaram o conteúdo trabalhado no ensino secundário (uma visão mais sociológica e processual da História), mas foram pouco receptivos à Escola Nova; sua marca característica foi a boa aula expositiva.

Lígia parece pouco afeita à oralidade e volta-se para a questão metodológica; numa postura isolada e sem dispor de materiais adequados, procura conciliar ensino e pesquisa, antecipando-se, em mais de três décadas, à tendência geral da didática histórica. No entanto, somente obtém resultados que a satisfazem no início dos anos 80, quando realiza um trabalho conjunto com outra professora:

Como eram as aulas da senhora? Mais expositivas? Abandonou a idéia de querer fazer pesquisa com o aluno? (risos)

Lígia – No Sarrion,[8] a gente tinha mais oportunidade de pesquisa, de partir de um texto para desenvolver um tema. Às vezes, aprofundá-

---

8 Escola pública de Presidente Prudente, na qual trabalhou no início dos anos 80 junto com Edna.

vamos um tema tendo por base um texto literário. As nossas aulas tinham uma parte expositiva, mas trabalhávamos mais a interpretação dos textos. Teve uma época que montamos apostilas para os alunos e não adotamos livro didático. Acho que essa experiência durou uns dois anos.

A senhora e a Edna juntas?

– Sim, montávamos os textos e trabalhávamos em conjunto mesmo, só as provas eram diferentes ... Na hora de elaborar as provas, cada uma fazia da sua maneira. Mas os textos, montamos juntas durante uns dois ou três anos. Depois eu saí do Sarrion, vim para o Instituto de Educação Fernando Costa e encontrei outro corpo docente. A escola adotava livros e, se quisesse continuar, teria que fazer tudo sozinha.

Talvez, por uma questão de posicionamento pessoal, Lígia se diferencia, em alguns pontos, do perfil dos professores nos "tempos áureos". Ela conta que sempre zelou pela autonomia, tanto na vida pessoal como na profissional.

A senhora é a única filha?

Lígia – Não, tenho mais uma irmã.

Ela também foi estudar fora?

– Não, ela não quis; preferiu dedicar-se ao lar. Só eu e meus dois irmãos fizemos faculdade. Eu fiz a minha independência.

Isso era comum nas moças da época?

– Não, quando as moças faziam a escola normal, já tinham um namoradinho, um noivinho e se casavam logo após a formatura. Eu nunca quis saber de casamento, sempre quis a minha independência financeira. Apesar de ter pai com posses, nunca quis depender dele, tanto é que no último ano da faculdade arrumei aula e dispensei a mesada. Quando recebi meu primeiro salário, minha maior alegria foi dizer ao meu pai que não precisava mais da mesada dele. E olha que com as minhas aulinhas eu pagava um pensionato caro, me mantinha e ainda comprava livros para formar uma biblioteca.

Como professora também fui muito independente ... fazia o meu trabalho e respondia por ele perante quem fosse. Inventava meus métodos e minhas aulas que deram certo.

A fuga dos métodos expositivos e a politização fazem de Lígia uma professora ímpar perante seu grupo. Embora não seja discriminada pelos pares, diferencia-se por não se influenciar pelo mito da professora-mãe-sacerdotisa: apesar da extrema dedicação, como professora, afirma ter sido mais rigorosa que carinhosa, mais profissional que mãe. Sem buscar a impessoalidade nas relações com os alunos ou colegas, entendia-se como membro de uma categoria profissional igual às outras que deve lutar pelos seus direitos; daí suas restrições a associações de classe que visam apenas fornecer oportunidades de lazer e entretenimento para os membros:

Mesmo após a aposentadoria, a senhora se manteve envolvida com o trabalho das associações de professores...

Lígia – Eu estou envolvida em uma porção de atividades da Apeoesp e da Apampesp. Semana passada participei de um encontro da Apeoesp que houve aqui em Presidente Prudente. Foi um encontro regional que discutiu o problema do hospital do servidor público. Vieram representantes de 17 cidades ... Foi o dia todo lá na UNESP ... Amanhã participo de outro, também promovido pela Apeoesp, que discutirá o Plano Nacional de Habitação.

Sou da diretoria da Apampesp e também me envolvo em algumas das suas atividades. Então, eu trabalho nas duas entidades ...

...

Quando dava aulas, era membro muito ativo da Apeoesp. Eu sou uma das pessoas que fundou a regional daqui de Presidente Prudente. Na cidade, só tinha o CPP (Centro do Professorado Paulista), mas esta associação não tem características de sindicato. Eu sou sócia do CPP, mas eles não têm organização sindical e nem a preocupação de lutar pela categoria. Eles vêem mais o lazer, colônia de férias, viagens... Já a Apeoesp não, a Apeoesp tem uma conduta diferente, politizada. Sempre discute assuntos políticos, como o Plano Nacional de Educação. Durante oito anos eu trabalhei muito na subsede regional da Apeoesp. Eu fui presidenta da subsede, secretária, tesoureira, membro do conselho de escola, do conselho de representantes. Só me afastei quando minha mãe ficou doente ... Agora contribuo, participo, mas de uma forma menos intensa. Os anos passam e a gente se cansa. É necessário viajar muito e participar das reuniões em São Paulo. Quando era mais jovem, ia para São Paulo numa noite e voltava na seguinte; ficava sem comer, sem dormir durante as assembléias das greves. Era aquela correria, aquela luta.

Quantas vezes cheguei de São Paulo às cinco da manhã, após participar de alguma atividade ou reunião da Apeoesp, e às sete estava na escola para dar aula. Tinha saúde e menos idade (risos).

A Apeoesp foi criada em São Carlos, em 1945 – na época Apenoesp (Associação dos Professores do Ensino Secundário Normal Oficial do Estado de São Paulo) –, e até a década de 1970 foi uma entidade de cunho assistencialista, com raras participações populares em defesa da escola pública (Ricci, 1992, p.31). Durante o governo militar, os professores organizaram uma estrutura paralela, semilegal, o Movimento pela União dos Professores (MUP) que, em razão de divergências internas, originou o Movimento de Oposição Aberto dos Professores (MOAP). Tais movimentos ganharam projeção política nos anos 70 e conseguiram organizar a primeira greve geral da categoria em 1978. Nesse período de agitação social, o setor de educação e cultura foi o destaque em quantidade de greves: os professores de todos os graus de ensino estiveram em greve por 38 vezes durante o ano de 1979; em 1980, o setor foi o segundo em quantidade de greves e o primeiro no número de grevistas. Nesse contexto, a Apeoesp torna-se a maior entidade de representação do professorado paulista e assume um posicionamento político de contestação à ordem.

Segundo Milhomem, presidente da Apeoesp no período de 1981 a 1986: "a nossa luta sindical da década de 1970 para cá foi organizada por militantes que tinham um projeto político de entender a luta sindical como um primeiro momento da articulação e formação da militância de modo geral" (apud Ricci, 1992, p.34). Estudos realizados sobre o sindicato apontam um posicionamento progressista que, contraditoriamente, associa-se ao corporativismo.[9]

Esse comprometimento político e a utilização da greve como instrumento de pressão são recusados pelos professores mais antigos. Assim, como a maior parte dos professores do seu tempo,[10] Candia orgulha-se de nunca ter participado de greves e não a con-

---

9 Abramo (1986) e Jóia (1992).

10 A recusa às greves pela maioria dos professores foi constatada nas conversas com Candia e Lígia e na pesquisa de Nadai (1991).

sidera um instrumento legítimo para o magistério. Encontra na Doutrina Social da Igreja as saídas para a exploração do trabalhador e para as injustiças sociais; parece não ver com bons olhos o "sentimento de revolta" disseminado pelas ideologias de esquerda. Leciona até hoje no seminário para formação de padres, sem receber remuneração, onde encontra uma boa oportunidade para refletir sobre essas questões e para conhecer mais profundamente as respostas que a Igreja elabora para os conflitos do mundo atual. Seu vínculo com o magistério público, que exerceu por 28 anos, mantém-se com jantares mensais que alguns ex-professores realizam, cada vez na casa de um.

O vínculo de amizade pode ser visto como uma permanência da "fase de ouro da escola pública". Segundo Nadai, a alegria, a união fraterna e realizações de festas eram comuns entre os professores do período, que se sentiam ligados por traços comuns. A elegância, a familiaridade com o mundo da palavra escrita e o compromisso com o futuro do aluno projetariam os professores secundários como um grupo seleto, distinto – acima dos demais profissionais. Esse orgulho que constitui a essência do seu código de ética excluiria a possibilidade de greves; uma das entrevistadas de Nadai afirma que a realização de greves constitui o "ato supremo de humilhação do professor". Na condição de mãe-sacerdotisa, o professora colocava o aluno acima de seus interesses pessoais. Negando tais concepções, Lígia anuncia alguns traços que compõem o perfil da segunda geração.

Segunda geração:
renovação pedagógica e consciência política

Os depoimentos orais recolhidos e o trabalho de Elza Nadai (1991) levam a supor que os professores da primeira geração formavam um grupo hegemônico e coeso nas escolas públicas nos anos 60. Já a segunda geração seria composta por uma minoria que, principalmente na década de 1970, assume uma postura contestatória, tende às ideologias "esquerdistas" e inova em termos educacionais, demonstrando que vozes dissonantes e renovação pedagógica sempre existiram, ainda que isoladas. O visual descuidado, homens com cabelos longos, chinelo de dedo, roupas surradas, falando palavrões em aula, denúncia do autoritarismo e da violação dos direitos humanos por motivos políticos despertavam a admiração e o interesse dos filhos das classes média e alta; esse era o perfil mais radical do professor da segunda geração que tende a empregar-se em escolas particulares e cursos pré-vestibulares. Chamou a atenção e se impôs como um modelo alternativo e oposto ao bem-comportado e alinhado professor da "fase de ouro da escola pública". Parece ter sido a cisão mais visível num grupo tendencialmente homogêneo até aquele momento.

Perante essa figura forte, respeitada e arrojada, os outros professores podem se sentir mais à vontade para apresentar-se aos alunos de maneira menos formal. As palavras não precisariam ser tão cuidadosamente escolhidas, mesmo porque também se aventam modelos alternativos de aulas não baseados na oralidade. Os mais radicais zelam pela *performance* e pela retórica, de modo a provocar impacto, chocar, "fazer a cabeça", mas isso não é regra para todos. O grupo parece menos coeso, mas tem como traços comuns a politização, o questionamento da metodologia expositiva e da veracidade dos fatos históricos. A dúvida e o inconformismo rondam as consciências, ainda que muitas noções defendidas pelos professores mais velhos não sejam de todo descartadas.

A maneira como conteúdos são vistos parece ser o ponto central na definição da imagem que o professor tem acerca do seu trabalho. Candia – 68 anos, aposentada do Estado e orgulhosa de não ter participado de greves –, por exemplo, valoriza o saber associando-o à competência e ao sucesso profissional. Diz ela:

> Nós estamos superados. Acho que a escola de antigamente era tão boa porque acreditava-se no saber...
>
> O conhecimento é um valor que caiu de moda. A cultura não é importante, mas o videogame. A criança não precisa ler, só o necessário, só aquele assunto específico, útil naquele contexto. Não se busca a cultura pela cultura. Mas no meio dessa avalanche de gente que não aprende

MEMÓRIAS DE QUEM ENSINA HISTÓRIA **55**

quase nada – porque hoje o aluno finge que aprende, o professor finge que ensina e o governo finge que paga –, tem aquele que ainda pensa como eu... Esses são os que se destacam, os que marcam os melhores lugares na vida. Na escada da profissão, tem uma multidão nos primeiros degraus se acotovelando, se matando, de fome e de sede; nos últimos degraus estão aqueles que realmente levaram a cultura a sério. Tem esse excesso de profissionais em qualquer área, no professorado, entre os dentistas, médicos, em todo lugar. Então, eu acho que a gente deve cuidar dessa parte. Não que você mude o mundo, mas o aluno já traz uma tendência que compromete todo o futuro dele.

Para a professora, o conhecimento nos torna vencedores no mercado de trabalho competitivo, pois aquele que *acredita no saber* projeta-se perante os demais e consegue os melhores postos de trabalho. Sem negar a importância do saber em uma sociedade competitiva, a segunda e a terceira geração tendem a buscar no conhecimento um recurso para transformar essa realidade excludente, uma vez que predomina o questionamento da sociedade atual, da infalibilidade do poder e da própria História. A competitividade não é vista como uma fatalidade que devemos aceitar lutando pelos melhores lugares. No lugar da adaptação, delineia-se o inconformismo; o fracasso pessoal/ profissional é visto como produto dessa realidade e não da incapacidade ou falta de cultura e/ou disciplina. Essas noções parecem colocar-se a alguns professores ainda nos anos 60, com a consolidação de um pensamento de esquerda – de oposição aos governos militares – e com as críticas ao caráter excludente da chamada escola tradicional, centrada nos conteúdos e dirigida às elites.

À medida que a idade dos professores diminui, muda o discurso: a identificação com o *status quo* vai-se perdendo,[11] e aumenta a empatia com as camadas mais baixas da sociedade, com os explora-

---

11 Nas entrevistas, Nadai (1991, p.114) também constata certo "conservadorismo" e a idéia de que haveria um "lugar social" predeterminado para cada classe: "de certa forma essas questões eram expressões práticas da República Populista. Isso porque suas instituições políticas pressupunham elevado grau de consenso entre as classes sociais".

dos e excluídos. Sem dúvida, isso também se deve à inserção do professor na sociedade nos anos 80 e 90, haja vista a queda do poder aquisitivo e o desprestígio da profissão: até os anos 60, o professor secundário era proveniente das classes média e alta, principalmente as mulheres que não atuavam em bancos ou em outras áreas "masculinas", como a engenharia; atualmente, os cursos de formação de professor são evitados pelos filhos desses grupos sociais que podem escolher a carreira sem preocupar-se com o custo dos estudos.

Como já foi apontado, Nadai (1991) sugere que os salários dos professores nos anos 50 e 60 não eram tão altos quanto se supõe atualmente; talvez se pudesse pensar que essa ilusão atual decorre do contexto, pois, naquela época, em relação aos professores, a maioria do população era menos informada, tinha um modo de vida mais simples e era mais fortemente marcada pela cultura rural. Em 1958, a família de Olga muda-se de São Paulo para Presidente Prudente, e ela, menina, vivia decepcionada porque a cidade tinha poucas ruas asfaltadas: "Durante muito tempo eu me lembro que não gostei. Uma frase ficou na família: 'eu quero voltar para a minha casa que aqui só tem rua de terra, casa de pau e cachorro preto na rua'. Não tinha mesmo, não tinha asfalto". Na cidade provinciana, o prédio do ginásio do Estado sobressaía imponente.

Até mesmo nos anos 60, a elite local é descrita como "caipira", pouco marcada pelos ideais urbanos, num contraponto com o professorado que se destacava pela familiaridade com o mundo da palavra escrita. Assim como Presidente Prudente, Assis, no início dos anos 60, era sustentada pela agricultura e, segundo descrições de ex-alunos, "não combinava com a faculdade"; uma antiga professora chamava o câmpus isolado da USP de "Sorbonne do sertão". A expansão da escolaridade e dos meios de comunicação de massa contribuiu para desmontar a aura que envolvia o professor secundário, em outros tempos visto como agente da modernização e membro da classe média alta – ao lado de altos funcionários públicos como juízes, gerentes e profissionais liberais bem-sucedidos. Na República Populista, essa camada superior da classe média forneceu base de apoio a partidos políticos liberais – como a UDN – e pautou-se na idéia de consenso entre as classes, com aceitação dos lugares sociais (Saes, 1981, p.463). Essa ideologia – que acabava resistindo à destruição dos privilégios das elites – era expressão do populismo latino-americano: a população abdicaria do questionamento e da oposição esperando do líder benefícios trabalhistas.

Nos anos 60, assiste-se à falência do modelo populista e à crise de suas ideologias. Há uma crescente radicalização dos movimentos sociais que fogem ao controle dos políticos, porque as lideranças assumem uma postura contestatória e autônoma. As organizações de estudantes e de trabalhadores, as Ligas Camponesas, JEC, JUC, entre outros, expressam essa tendência de mobilização que foi abortada pelo golpe militar de 1964. Saviani (1999) lembra que o "autoritarismo desmobilizador" solucionou a contradição vigente entre o modelo econômico (que industrializava o país pela abertura ao capital estrangeiro) e a ideologia nacionalista característica dos governos populistas.

O governo Juscelino Kubitschek (1956-1961), marcado pela estabilidade política[12] e pelo crescimento econômico, uniu empresários nacionais e internacionais, classes médias e forças de esquerda em torno da meta da industrialização. Enquanto os primeiros se beneficiavam economicamente com ela e as últimas consideravam o pleno desenvolvimento do capitalismo como condição necessária para aflorar, em nível máximo, as contradições do sistema e a exploração do trabalhador que, desse modo, tomaria consciência de seu real papel: fazer a Revolução Socialista. Tais noções eram defendidas pelo Partido Comunista Brasileiro, o principal centro de aglutinação da esquerda. Embora clandestino no período, buscava aliar-se à burguesia nacionalista e a outros setores progressistas com vistas à realização da "Revolução Burguesa" no Brasil. O PCB partia dos pressupostos de que o Brasil ainda guardava características feudais ou semifeudais no campo e que esses segmentos "tradicionais" da sociedade brasileira aliavam-se aos EUA. Por conseguinte, a vitória

---

12 Apesar das tentativas golpistas em Jacareacanga, no Pará, e em Aragarças de setores descontentes da Aeronáutica.

sobre o imperialismo norte-americano era condição prévia para o desenvolvimento do Brasil e para a emancipação da classe trabalhadora (Ridenti, 1993).

À medida que o desenvolvimento industrial avança, emergem as contradições entre as classes, anteriormente unidas em torno de um objetivo comum parcialmente alcançado no início da década de 1960, e se evidencia a excessiva moderação e subordinação do Partido Comunista à burguesia. As Ligas Camponesas, lideradas pelo advogado pernambucano Francisco Julião, e a Ação Popular, organização política de católicos de esquerda, são exemplos de organização paralelas ao Partido Comunista e críticas dele. Saviani (1999) destaca que, ante a radicalização dos movimentos sociais, colocavam-se ao governo duas soluções: manter-se fiel à ideologia nacionalista e fazer as reformas de base – controle da remessa de lucros das empresas e bancos estrangeiros, além das reformas tributária, agrária, educacional... – ou reprimir os movimentos sociais. Sem contar com o apoio da direita, João Goulart ficou com a primeira opção e buscou aproximar-se de forma tal da esquerda que, no início de março de 1964, Luiz Carlos Prestes, secretário-geral do PCB, declarava numa estação de TV paulista: "não estamos no governo, mas estamos no poder" (Hollanda & Gonçalves, 1984, p.12).

No início da década de 1960, milhares de brasileiros – particularmente setores das classes médias com maior nível de escolaridade e ligados a empregos públicos – empolgavam-se com as conquistas sociais e de cidadania (Ridenti, 1993). Alguns filiavam-se diretamente ao PCB – que, embora ilegal, contou com inúmeras adesões no período – e outros ao populismo de esquerda que encontrava em Leonel Brizola seu maior expoente.

Após o golpe militar de 1964, a "ordem social" foi reimposta. O Congresso Nacional foi amputado de senadores e deputados que tiveram seus mandatos cassados, o mesmo acontecendo com governadores e prefeitos. Até mesmo políticos "moderados", como os ex-presidentes Juscelino Kubitschek e Jânio Quadros ou os governadores Ademar de Barros (São Paulo) e Carlos Lacerda (Rio de Janeiro), perderam seus direitos políticos por períodos de até dez anos. O PCB passa a ser duramente criticado e sofre uma infinidade de cisões, fazendo que, até 1968, o partido perdesse a metade dos seus membros (ibidem, p.28).

Os dissidentes fundaram outros grupos clandestinos que optaram pelas guerrilhas urbanas e rurais. Carlos Marighella organizou a Aliança Libertadora Nacional (ALN); Mario Alvez, Jacob Gorender e Apolonio Carvalho fundaram o Partido Comunista Brasileiro Revolucionário (PCBR); setores estudantis organizaram o Movimento Revolucionário 8 de Outubro (MR-8)... (Sader, 1990, p.23). As esquerdas que pegaram em armas, assaltaram bancos e seqüestraram autoridades nas cidades brasileiras nos anos 60 supunham que uma pequena organização de vanguarda poderia provocar uma crise no "Estado Militar Oligárquico" mediante ataques bem preparados (Ridenti, 1993, p.55). Na clandestinidade, essa tradição de esquerda mantém-se até o início da década de 1970, ainda que distante da maioria da população. Maria Silvia, que estudou em Assis entre 1965 e 1968, diz:

hoje tem filmes sobre a repressão política dos governos militares e se denuncia tanto a ditadura. Naquela época, ninguém falava dessas coisas. A gente sabia porque estava na faculdade, agora a família da gente nem falava de nada. Mesmo na faculdade eram alguns moços mais metidos em política. A maioria não.

O contato da população com os grupos clandestinos limitava-se a cartazes colados em locais públicos, como bancos, com retratos dos "subversivos" procurados pela polícia; notícias de pessoas desaparecidas ou manchetes de jornais que divulgavam vitórias da repressão, tal como o assassinato de Carlos Marighella. Nas escolas, a maioria dos jovens e crianças estudava as origens da sociedade moderna conforme a abordagem da "fase de ouro da escola pública", na qual se espelhava uma boa parte das escolas particulares. Essas escolas não recrutavam os melhores alunos e nem sempre os bons professores; sendo assim, alguns reproduziam o modelo de aula expositiva, rica em detalhes com menor competência, amparando-se nos questionários. Olga conta o que acontecia no colégio de freiras onde estudou nos anos 60:

tinha uma freira que dizia assim: "Dia da Proclamação da República. D. Pedro II acordou de manhãzinha, tomou um banho, pegou o telefone e o Deodoro falou que ele estava indo" (risos). Era uma história muito pobre, cretina. Não dava para entender como o pessoal escutava isso ... Era muito ruim mesmo.

Embora a escola pública tivesse qualidade, seu pai, membro do Partido Comunista, achava que moças deviam estudar em colégio de freiras para aprender os bons modos. Segundo Olga, na maioria das escolas oficiais ou particulares, não se discutia a situação política do país e o questionamento da realidade era tão evitado quanto a troca de experiência entre os alunos:

> Então você não poderia perguntar por quê. Primeiro, não cabiam perguntas. Você estava lá para escrever e não para perguntar. As aulas de História não me marcaram. Daquela época, está presente na memória a busca de consciência. O ensino de História não marcou de jeito nenhum. Era igual o ensino do início da República: passar o questionário na lousa ... Mesmo assim, alguns alunos se destacaram profissionalmente na área, quer ver? Tinha uma menina que fez o Cristo Rei comigo e hoje é professora de Sociologia na PUC. Já perguntei para ela como conseguiu isso tendo aprendido uma História tão cretina no ginásio...

As freiras, professoras de História, exigiam que os alunos soubessem nomes, datas e o questionário do professor. Ela conta que tanto no colégio de freiras onde estudou como na escola pública freqüentada pelo irmão, a História era tão calcada em grandes personagens que seus nomes eram sempre precedidos por um adjetivo: o *ditador* Solano Lopez ou a *mártir* Joana d'Arc. Ainda assim, Olga e outras colegas rastreavam um roteiro de leituras "subversivas" que as fascinavam:

> Antigamente, a papelaria Godoi era uma grande livraria que funcionava, para a família dessa minha colega e para a minha, como fonte de atualização bibliográfica. Eu acredito que o meu pai e o dela eram as únicas pessoas que tinham conta corrente de livros na Godoi. Os vendedores já sabiam que o Viegas (meu pai) e o Junqueira (pai da minha cole-

ga) iriam comprar os lançamentos e as edições novas. Nós duas saíamos da escola, de uniforme ainda, e íamos para as estantes da livraria Godoi para ver as novidades.

Já se observa na família de Olga uma relação diferenciada com os livros e a cultura. Diz Candia: "Eu amo os livros da minha casa", pois eles refletem aquilo que a gente é; "se os meus livros estão espalhados eu olho e penso, os meus filhos estão espalhados". No contato com essa professora, nota-se que ela memorizou pequenos detalhes dos conteúdos dos livros que tem na estante, sugerindo que seria difícil fazer essa leitura mais atenta e "cultuar" todos os lançamentos do mercado. Daí ela enfatizar que "não se compra livro por metro". A família de Olga, ao contrário, anuncia o perfil característico da terceira geração de professores: acompanhar as novidades da indústria editorial para uma leitura breve e analítica – não necessariamente emocional – que se presta a apreender mais a perspectiva dos autores que os pormenores do conteúdo. O que se ganha em aprofundamento analítico (inclusive pela comparação com outros autores de vanguarda), perde-se nos detalhes que sensibilizam ouvintes não familiarizados com o assunto. Talvez se possa dizer que essa leitura "crítica" e breve acaba sendo partilhada com os pares, enquanto a leitura atenta aos pormenores presta-se à exposição oral rica e à iniciação aos estudos. Portanto, elas encaminham modelos diferentes de aulas.

Sílvio, que pertence a uma geração posterior, conta que no tempo da faculdade habituou-se a olhar a "estrutura do texto", pois seus professores montavam as aulas em torno da perspectiva dos autores. Depois de formado, ele tentou levar esse modelo para o ensino fundamental e médio montando apostilas com textos de renomados historiadores. Os alunos deveriam vir para as aulas com uma leitura prévia – como ele fazia na faculdade –, o que dificilmente acontecia, haja vista a falta de uma cobrança sistemática e as dificuldades que eles encontravam. Vencido pelo cansaço, adotou um livro didático que lhe poupou o trabalho de preparar o material. Sua dificuldade passou a ser a memorização dos fatos em si, tamanho era seu treino na análise textual – trabalho ao qual não se prestam os livros didáticos. Como ensina Candia, a boa aula expositiva é rica em detalhes, mas as informações mais importantes precisam estar no livro; caso o aluno se perca, tem como localizar-se. Sílvio conta que tem dificuldade em fazer longas descrições factuais em aula; estuda na véspera e esquece dias depois. Assim como Olga não valoriza a aula expositiva e os fatos em si; o importante seria a interpretação dos autores e a análise textual do leitor/aluno.

Desde a adolescência, Olga interessava-se por diferentes leituras:

O que vocês liam?

Olga – Tudo. O gosto pela leitura começou pela biblioteca de casa. Por exemplo, eu me lembro de ter lido Gorki muito cedo, com 13 ou 14 anos. Some às leituras o clima político de 1963, 1964. Para nós o proibido, as leituras censuradas e subversivas eram o atrativo.

O que era subversivo?

– Era ler Dostoievski, Gorki, Graciliano Ramos, meu Deus do céu, aquilo parecia que era com a gente mesmo, verdadeiro. *Memórias do cárcere*. Trocávamos impressões sobre as nossas leituras. Olha, leia isso, leia aquilo. Minha amiga de sala, que hoje dá aula na PUC, gostava mais de poesia do que eu. Líamos de tudo, até J. G. de Araújo Jorge que era um horror. Um cara meloso.

A atração pelo proibido, a transgressão às normas e o afã de romper como o passado são posturas que refletem o clima cultural que envolvia a geração de Olga. Os ex-guerrilheiros entrevistados por Marcelo Ridenti (1993, p.65) destacam que a luta armada e a radicalização dos movimentos não podem ser entendidos senão nesse contexto de inconformismo e rebeldia libertária dos anos 60, que Marcuse chama de "grande recusa". Não apenas no Brasil essa rebeldia contagia a juventude, mas em toda a América Latina e em outros continentes. Segundo Ridenti (1993, p.79), antes mesmo de 1964, a idéia de revolução era forte no meio intelectual, "um dado de imaginação social do período. Tanto que o golpe militar designou-se 'revolução de 64' a fim de legitimar-se". Nos cursos de pós-graduação, consolida-se uma tradição de interpretação histórica que se contagia pelo clima de rebeldia e, em vez de louvar a pátria e os grandes feitos dos heróis, denuncia a exploração e as desigualdades sociais.

Florestam Fernandes é um exemplo de intelectual engajado que promove a releitura do passado nacional e se inscreve nos debates educacionais com visão progressista. No entanto, essa postura "crítica" não predominava nas escolas nos anos 60 e 70, e, assim como Olga, outros professores que assumiram um posicionamento de ruptura foram influenciados por esse movimento clandestino de esquerda. Em meados dos anos 70 o acesso à "História Crítica" dá-se principalmente de maneira informal, fora das instituições escolares. Caetano, por exemplo, diz-se impactado nos anos 60 pela contracultura, movimento *hippie* e críticas à guerra do Vietnã por meio de pessoas que "faziam a cabeça da gente" e estudavam ou moravam em São Paulo, Curitiba ou em outros centros "mais cosmopolitas". Nessa época, fez ginásio e magistério em escolas públicas em Regente Feijó, uma pequena cidade perto de Presidente Prudente, e destacava-se pela dedicação aos estudos:

> Caetano – lia muito, até hoje fico me perguntando como a gente lia tanto. Eu fiz escola normal e lia direto, vivia lendo. Como era pobre, vinha de Regente Feijó para Prudente pedir livro emprestado. Lia de tudo, desde *Seleções do Reader's* até livros marxistas que conseguia arranjar. Para mim teve um impacto muito grande quando a Civilização Brasileira lançou a Revista da Civilização Brasileira ... no começo dos anos 70 vim fazer Ciências Sociais em Prudente ... Fui para a universidade para aprender marxismo; no entanto, a única coisa que li sobre o tema foi aquele texto "Teoria geral do Marx" que tem no livro *O homem e a sociedade* do Fernando Henrique Cardoso ... Durante todo o tempo da faculdade, para você ver como era o clima.
>
> *O que você lia na faculdade?*
> – Na faculdade, a gente conseguia material por debaixo do pano, que era proibido, tudo proibido. O professor de filosofia, que era um português, estava refugiado ... Ele simplesmente dava filosofia, alguma coisa de filosofia da ciência, lógica, mas do marxismo mesmo não tinha nada. Eu conseguia, fui aprendendo, fui lendo, procurando em alguns livros que consegui por debaixo do pano. A biblioteca não recebia livros marxistas, os professores eram censurados...

Caetano cursou Ciências Sociais na Faculdade de Filosofia (Fafi), na época câmpus isolado da USP entre 1969 e 1972, quando tinha a lei 477 que enquadrava estudantes que entrassem no movimento estudantil ... Eram duas leis: a 228 que era para o movimento secundarista e a 477 que proibia os estudantes universitários de participarem do movimento estudantil.

Os livros e as informações proibidas chegavam até ele por intermédio de pessoas tidas como subversivas e procuradas pela polícia:

um desses estudantes que traziam informações para nós estava no terceiro ano da USP quando entrou no movimento de guerrilha. Ele era de Regente Feijó e, junto com mais cinco pessoas, seqüestrou um Boeing 707. Levaram o Boeing para Cuba.

Eu estava voltando de Itaparica para Presidente Prudente, na estação ferroviária quando vi a foto dele no jornal *O Estado de São Paulo*. Ele foi para Cuba e, em 1971, voltou para entrar na guerrilha do Araguaia, onde foi morto. A família foi obrigada a mudar de Regente Feijó, pois naquela época ele era guerrilheiro, um terrorista, um cara procurado. A família veio para Prudente e o pai passou esse tempo todo procurando informações. Às vezes procurava informações comigo, pois eu tinha muito contato com o José Dirceu, com várias pessoas. O José Dirceu lembra que ele morreu em Goiás, onde foi recuperada uma parte do corpo dele. Uma parte da arcada dentária foi encontrada em Natividade, que hoje fica em Tocantins. Em 1993 fizeram o enterro na cidade brasileira de Jales, no Estado de São Paulo. No dia 5 de dezembro de 1995, foi feita uma homenagem ... O atual prefeito de Prudente, o Mauro Bragato, era deputado e deu o nome dele a uma escola. Hoje recebe até homenagem...

A opção de Caetano pelo magistério liga-se à preocupação política:

Quando o sr. decidiu fazer Ciências Sociais tinha em mente ser professor ou revolucionário? Como era isso?

Caetano – Na verdade eram as duas coisas, porque na época essa gana de querer mudar o mundo, de querer um mundo melhor, era forte para todos nós. Eu achava que, por meio da educação, trabalhando a cabeça do povo, a gente pudesse fazer isso.

Como professor, afirmou-se pela denúncia ao regime. Antes de terminar a faculdade, começou a trabalhar em funções burocráticas numa escola particular na qual se tornou professor por causa do bom relacionamento com alunos que, assim como ele, tinham predisposição à contestação:

eu era o coordenador, conversava muito com os alunos que gostavam da gente. Naquela época, com aquela cabeça totalmente aberta, no começo dos anos 70, a gente contestava junto com eles. Um dia, por pressão dos alunos, a escola inventou uma matéria para eu dar aula.

...

Eu tinha coragem de fazer as denúncias da ditadura, então na época já recebia informações sobre o que estava acontecendo nos porões da ditadura. E a meninada já queria saber alguma coisa.

As denúncias, aliadas a uma forte teatralidade, a alguma malandragem, à boa memória e a leituras de biografias e autores do século XIX, centrados nos heróis, também produziram aulas que marcaram gerações de alunos dos cursinhos da região de Presidente Prudente. Alexandre, também da terceira geração, conta-nos que suas aulas eram reproduzidas e discutidas pelos amigos de seu irmão e que, indiretamente, marcaram fortemente sua formação política no final da década de 1970:

Alexandre – ... comecei a entender as coisas que passaram com uns doze anos. Eu tinha um irmão mais velho que gostava de ouvir Beatles, Caetano, Gil. De certa forma, eu comecei a entender quem fez a cabeça desse pessoal criticamente.

Ele tinha um professor aqui, o Caetano, que dava aula no Objetivo. Alguns poucos professores do "I. E. Fernando Costa", como a Maria Helena Dal Porto ... também marcaram essa geração que tinha um grau de abstração interessante.

E ... alguns professores, de certa forma, falavam o que não se podia falar. Tinha uma professora que denunciava a censura. Mas tinha conflito ... acabava ouvindo essas coisas que estavam no cenário e nos deram uma formação política interessante. Meu irmão freqüentava as reuniões das comunidades de jovens da catedral organizadas por padres "de esquerda" e lá acabavam discutindo política. Ele reproduzia essas discussões em casa.

O Brasil estava numa fase desenvolvimentista; um monte de coisa arrebentando e meu pai é uma pessoa muito conservadora. Defende o ponto de vista do patrão. É o pobre honesto ... é contra a vagabundagem, trabalhador não pode chegar ao poder. Não tem formação ... na adolescência, assistir ao *Jornal Nacional* com ele era terrível. Tínhamos paus homéricos...

Você acha que esse tipo de conflito era específico do seu grupo ou da sua geração como um todo?

– Em Presidente Prudente, do pessoal mais velho do que eu. As pessoas com as quais eu andava nas noites, nos bares; um pessoal totalmente politizado. Como saía com meu irmão, meus amigos eram mais velhos. Eram colegas de brincar na rua, soltar papagaio, patinete, estilingue, futebol, dormir na rua. Pessoas filosóficas e incompreendidas pela maior parte da população. Na escola eu sempre tinha alguém que usava como mentor. Eu andava com umas pessoas que tinham a "cabeça feita", como se dizia na época. Embora não tivesse muita voz nem informações nas rodas, ouvia as conversas desse pessoal mais velho. O bar "Marrom", ali na esquina de cima, o "bar dos maconheiros", era nosso ponto de encontro. Ele reunia diversos grupos da cidade, de bairros diferentes. Havia liberdade de pensamento, mas todos nós tínhamos essa preocupação meio *hippie* com política. A maior parte de nós era de pré-universitários com ambição de uma Unicamp, UNESP, USP; a universidade pública enquanto perspectiva. A gente pensava que tinha de sair de Prudente e fazer um curso desses. A coisa era sair da casa dos pais.

Você citou o Caetano, mas você não foi aluno dele, certo?

– Certo. Aliás eu divirjo do ponto de vista dele; ele se pauta muito no materialismo-histórico. Na época, isso era relevante porque tinha um contexto tal...

Mas seu irmão foi influenciado por ele.

– É. Ele, o Mauro Bragato, e alguns outros ... colocaram perspectivas na cabeça das pessoas da geração do meu irmão. Meu irmão se influenciava por ele, pois tinha um pouco mais de informação.

Você disse que freqüentava esse bar onde tinha homossexual, maconheiro etc. Era um pessoal à margem da sociedade, porém rico, não é?

– É, com famílias relativamente estáveis, moravam em bairros legais, centro. E, é claro, vinha a escória também, os *hippies*. *Mas a politização não passava pela escória...* – Não, mas o pessoal gostava de *rock*, era fantástico, jogava xadrez. Eu aprendi a jogar xadrez com meu irmão. Tinha essas coisas de filosófico, sociológico, político.

O depoimento de Alexandre reafirma a inserção das classes médias nessa "grande recusa" a que se refere Marcuse. Os alunos de Caetano, fascinados pelas suas denúncias, pertenciam a famílias que moravam no centro e freqüentavam os cursos pré-vestilulares com vistas ao ingresso nas universidades públicas. Assim como Candia, ele é considerado um dos melhores professores de História da região, insubstituível no colégio onde trabalha, e, contraditoriamente, pauta-se nas biografias e autores que romanceiam a História. Enquanto a primeira compõe um quadro rico descrevendo a paisagem, depois os personagens e os fatos; o outro trabalha a noção de processo, de contexto, de "totalidade na dimensão marxista": "eu faço o seguinte, exponho o fato, insiro este fato dentro deste contexto. Então, nesta inserção do fato é que eu dou tratamento, vamos dizer assim, é dos seres humanos dentro de uma conjuntura específica". Ele conta que faz uma leitura seletiva dos autores chamados de "tradicionais":

> criei meio que uma malícia, trabalho de moleque de rua. Malícia de você não engolir determinadas coisas; por exemplo, D. Pedro em cima de um cavalo proclamando independência. Eu já contestava, brincava ... mostrava para o aluno que até neste quadro do Pedro Américo o trabalhador é marginalizado. O trabalhador está no campo, com o carro de boi, olhando e perguntando o que está acontecendo. Eu trabalhava com isso. Levava o quadro para analisar, destacava o trabalhador e D. Pedro com roupa de gala. Colocando uma visão crítica, sugeria que o quadro vende uma interpretação, o quadro está esquisito. Dava uma visão crítica.

Descartando a noção de verdade histórica, afirma que, para construir a noção de pátria e de nacionalidade, foi necessário forjar referenciais e heróis históricos, tais como Tiradentes e Maria Quitéria. A criação de mitos históricos teria se iniciado, segundo ele, com Vargas, que buscava legitimar-se no poder. Como professor, Caetano procurava desfazer esses mitos que perpetuam a opressão. Por exemplo:

> eu procurava passar para os alunos o que foi o Golpe Militar de 64, brincava como foi. Começava a desmistificar: o golpe não foi no dia 31 de março, foi a primeiro de abril. Eu me lembro. Eu fui trabalhar no dia primeiro de abril e encontrei tudo fechado; perguntei o que tinha acontecido e me responderam: "Deram um golpe militar". Eu tinha dezesseis anos, trabalhava numa loja como cobrador. Foi no dia primeiro de abril. Os militares não poderiam comemorar o golpe no dia da mentira, por isso mudaram a data oficial para 31 de março. Dia que o general do segundo exército de São Paulo aderiu ao golpe? Madrugada do dia 31 para primeiro de abril. Até a meia-noite do dia 31 somente o Carlos Luis Guedes e o Olimpio Mourão Filho da brigada de infantaria de Juiz de Fora, Minas Gerais, tinham se mobilizado. Eles começaram o golpe.

Se, por um lado, dessacraliza versões oficiais da História, por outro, exalta a ação da esquerda, cria novos mitos e novos heróis. Assim como vê a história dos vencedores como uma representação com vistas à ação política, também não identifica a história dos vencidos com a verdade:

> Para poder derrubar um mito a gente constrói outro. A esquerda fez muito isso. Para você combater o silêncio, a história dos vencedores, você faz uma história conforme a visão dos vencidos. Aí você idolatra, transforma gente comum em herói. O que eu procurava passar para os alunos? Qual visão? Desmitificar a visão que o poder tinha do Brasil, a visão que o poder dava a respeito do Brasil e mostrar que havia um outro Brasil, que havia um outro lado, que havia resistência, que havia brasileiro lutando. Isso era caro para mim.

Caetano mostra-se "progressista" ideologicamente e crítico em relação à narrativa historiográfica, no entanto mantém a metodologia expositiva com apelo emocional. Suas aulas são planejadas como

MEMÓRIAS DE QUEM ENSINA HISTÓRIA   69

uma apresentação que deve sensibilizar o ouvinte para a causa da esquerda. Apesar desses pontos em comum com a primeira geração, a bandeira de luta social o afirma como uma personagem à margem. Ele nos conta que era visto como subversivo e, por isso, não conseguia emprego nas escolas públicas; os diretores sempre davam um jeito de descartá-lo. Esse sentimento de marginalidade parece ser comum entre estudantes e professores de ciências sociais que abraçavam as causas populares nos anos 60 e 70. Maria Silvia, aluna do curso de História em Assis entre 1965 e 1968, conta que a ideologia de esquerda e a recusa à moral convencional eram freqüentemente associadas à comunidade estudantil; desse modo, pairavam dúvidas quanto ao comportamento das moças solteiras que lá estudavam, embora a faculdade fosse freqüentada pela elite da cidade e região,[13] todos bem vestidos e discretos. Isso, no entanto, não impediu que se casasse com um rapaz da cidade e se tornasse uma senhora respeitada na sociedade assisense.

O depoimento de Edna sugere que a vivência na comunidade universitária, assim como o estudo de História na faculdade em Assis, na época câmpus isolado da USP, levava os alunos a se desvencilhar de muitos dos conceitos e normas familiares:

Edna – Fui para Assis com dezessete anos, março de 1964. Quando a gente chegou lá foi pesado porque, de repente, o mundo começou a desmontar para mim. Eu nunca esqueço de uma colega que no quarto ano de faculdade disse: "Quando eu entrei aqui minha cabeça era uma, a faculdade conseguiu me desmontar inteira sem construir novos referenciais que substituíssem minhas antigas convicções. Estou perdida". Eu não me senti assim, fui me sentindo mais leve à medida que me desvencilhava das normas religiosas.

Uma coisa que minha mãe jamais pode saber – senão ficaria desesperada, coitada! – é que aos poucos me distanciei da Igreja Católica. Eu não me afastei de uma vez. Primeiro, deixei de confessar e comungar,

---

13 Ela própria é filha de comerciantes abastados de Paraguaçu Paulista.

como era meu costume. Depois comecei a me sentar bem no fundo da igreja, perto da porta. Dali a pouquinho ia embora. Chegou uma hora que não fui mais. Hoje estou segura e não vou. Tenho a Igreja como uma parte da história da humanidade perfeitamente inteligível.

Como era a Igreja antes?

– Para mim a Igreja sempre tinha existido, não tinha início nem fim. Uma verdade absoluta ... Veja como a forma como eu trabalho a História cutuca a criança e o adolescente, mesmo que eu não queira. Um aluno me perguntou se vi uma peça em São Paulo que coloca Cristo como homossexual ... A gente discutiu. No meu tempo de escola, nenhum professor colocava a religião cristã como algo passível de questionamentos ou debates, jamais ...

Antes da faculdade, a Igreja dava a tua verdade e agora simplesmente faz parte da História. De onde vem a verdade agora?

– Para mim a verdade é aquilo que no momento eu acredito; ela é mutável. Eu tenho convicções, fui montando as minhas verdades, válidas para mim em um contexto específico.

Coincidência ou não, o fato é que a noção de verdade é descartada pelos professores que, de uma forma ou de outra, foram influenciados pelo clima de rebeldia dos anos 60 e 70. Em conseqüência, a problematização da narrativa histórica corre paralela a uma postura crítica perante a sociedade – que caracteriza um grupo de professores de História. Oposição ao regime militar, maior liberdade sexual, visual *hippie*, palavreado de "baixo calão" compunham o perfil de alguns poucos professores que, segundo Caetano, lecionavam nas escolas particulares pela dificuldade de inserção na rede pública. Irreverentes, marcaram época por chocar, quebrar tabus e fazer denúncias. Sílvio lembra professores desse tipo que teve num cursinho em Ribeirão Preto, em meados dos anos 80:

No cursinho tinha uma professora fantástica de História do Brasil!... Maria Eugênia. Tinha sido presa, exilada, o que era motivo de orgulho naquele clima da ditadura e repressão. Outro dia tivemos a oportunidade de conversar e ela disse que era fácil dar aula de História naquele tempo: era só falar mal do sistema, do governo. Naquela época era fácil, mas e agora? O que a gente faz?

...

Tinha toda aquela coisa da tensão, ditadura, censura. Os alunos eram de classe média e, de uma maneira ou de outra, estavam envolvidos na temática. Eu acho que a aula fluía muito mais fácil. Eu não sei se hoje isso funciona, parece que não. Hoje, quando você fala em política não desperta aquele encantamento.

...

Tinha um outro professor muito conceituado que dava aula de História antiga e medieval. Ele falava coisas impensáveis para mim numa sala de aula: "Os espartanos meteram o cacete nos atenienses". Falava besteiras, tesão e, por isso, prendia a nossa atenção. Hoje, se você falar isso, ninguém nem vai se tocar. Aquele vocabulário ... Tinha um tabu enorme em cima do próprio vocabulário. Hoje, a transgressão é normal. A gente precisa olhar para o aluno, observar o discurso dele e partir disso, construir alguma coisa que chame a atenção.

Caetano concorda que, atualmente, com o fim da censura, a quebra de tabus e convenções, redemocratização e surgimento de outros problemas não diretamente relacionados com o autoritarismo, ficou mais difícil estabelecer uma empatia com o aluno:

Naquela época, nós acabávamos sendo o porta-voz daquilo que estava encoberto, eu conseguia um monte de informações que o pessoal não tinha ... O livro *Veias abertas da América Latina* teve impacto naquela época porque era o auge da busca de uma identidade latino-americana.

As aulas eram respostas para as inquietudes dos alunos; forneciam subsídios para pensar os dilemas da sua época e de uma geração que se sentia capaz de transformar o mundo.

Como veremos adiante, esse pensamento de "esquerda", militante, contestador e clandestino somente terá condições de influenciar decisivamente na escola pública nos anos 80 com o governo democrático de Franco Montoro e com a reforma curricular iniciada; pretendia-se romper com a herança de 21 anos de ditadura militar em todos os campos da sociedade, particularmente no educacional. Para a elaboração dessas reformas, pesquisadores das mais conceituadas universidades foram chamados a prestar assessoria a professores da rede pública estadual que trabalhavam junto à Coordenadoria de Estudos e Normas Pedagógicas para a elaboração das famosas Propostas Curriculares. Os membros das equipes que elaboraram as várias versões da Proposta de Ensino de História formaram-se dentro dessa tradição intelectual libertária e crítica. A segunda parte do trabalho busca mostrar que os debates sobre a renovação do ensino de História nos anos 80 dialogam intensamente com os impasses e projetos da esquerda clandestina dos tempos do autoritarismo.

Durante os governos militares, as classes experimentais parecem ter sido as únicas instituições públicas,[14] que, ao menos por certo período, aglutinavam o pensamento pedagógico progressista. Organizadas desde 1958, como sinal da "predominância do pensamento renovador sobre as variantes do pensamento tradicional", católico e privacionista nos governos federal e em alguns estaduais (Warde & Ribeiro, 1980, p.196), quase todas foram interrompidas no auge da repressão. As experiências mais relevantes foram os Vocacionais, o Colégio de Aplicação da USP, os Pluricurriculares e o Grupo Experimental da Lapa, escolas que pretendiam romper com a rigidez da estrutura educacional – que encaminhava uns para o propedêutico (clássico ou científico) e outros para o ensino técnico profissional – ante o aumento do número de alunos que chegavam ao ensino secundário após 1945. A escola elitista começa a ser questionada, e, sob a inspiração do escolanovismo, propõe-se um ensino cujo método una teoria e prática, trabalho intelectual e manual como forma de democratizar o ensino:

> A via tomada foi a de abrir a escola para questões mais ligadas à vida (como forma de romper com o academicismo vigente), permitir a maior participação do aluno (como forma de superar o verbalismo professoral), buscar a maior integração entre as matérias (como forma de ultrapassar

---

14 Não se negligenciam as iniciativas individuais de renovação pedagógica que sempre existiram.

MEMÓRIAS DE QUEM ENSINA HISTÓRIA 73

a fragmentação do conhecimento), e, em síntese, instalar os métodos ativos. (Warde & Ribeiro, 1980, p.197)

O discurso modernizador entendia a divisão entre o trabalho intelectual e manual como resquício tradicionalista, e não como base fundante do modo de produção capitalista; desse modo, afirmava a necessidade de renovar o ensino para atender às necessidades da época, a intensa modernização decorrente do crescimento industrial. Essa preocupação de superar a dissociação entre saber e fazer, para uma melhor preparação da mão-de-obra, explica o reconhecimento das escolas experimentais. Sua relevância no cenário educacional dos anos 60 fica evidenciada pela tentativa dos governos militares de estenderem suas metodologias a toda a rede oficial de ensino. Segundo depoimentos de ex-professores do Colégio Vocacional "Osvaldo Aranha" de São Paulo, recolhidos por Maria Luisa Santos Ribeiro, os governos militares, interessados em atender ao contingente populacional que buscava a escolarização, procuraram apropriar-se do suporte técnico pedagógico desses colégios para aplicá-los a toda a rede:

> havia um grande interesse dos poderes públicos ... em generalizar a experiência do Vocacional em forma de publicações ... e havia da parte de quem estava coordenando um desejo, não de preservação, de fechamento, mas de não ser prematura uma publicação e de não fazer daquilo modelos ... de instrução programada para outros ginásios copiarem, porque isso era a negação das nossas propostas ... O que eles queriam era vulgarização em massa-massificação. Nesse momento começaram a nos acusar de fechamento ... Eu me lembro de ter participado de muitas discussões de pedidos do tipo – Como vocês ensinam Ciências? Então vamos vulgarizar o método. (Ribeiro, 1980, p.139)

Embora algumas experiências tenham sido interrompidas com ingerência político-policial sob a acusação de subversão, a justificativa oficial era que os colégios experimentais seriam absorvidos pela propagação da inovação educacional na rede comum de ensino a ser feita pela Lei n. 5.692/71 (Warde & Ribeiro, 1980, p.202). O objetivo dos governos militares era manter a paz social atendendo à demanda da escolarização, sem, no entanto, aumentar as despesas com o ensino. Portanto, o tecnicismo coloca-se como uma medida de racionalização dos investimentos públicos na área educacional e de esvaziamento do caráter anticonformista e revolucionário que envolvia muitas das propostas pedagógicas inovadoras.

Tais considerações visam demonstrar que, a partir da efervescência dos anos 60, sob a influência da contracultura e da luta contra a ditadura, parte da juventude e alguns professores que se deixam envolver pelo ideário de contestação constroem a *mítica do revolucionário*, o "cabeça feita" que quebra tabus, convenções, choca e mostra-se aberto ao inusitado e à participação social. Esse grupo de professores desenvolve metodologias de ensino muito pessoais e particulares em sala de aula; talvez se possa afirmar que a negação do perfil tradicional de mestre, do tecnicismo e da ditadura os une mais que a afirmação de qualquer modelo específico de educação. O professor Alexandre, apesar de mais jovem que os professores Caetano e Olga, vivenciou como aluno o clima de recusa e de contestação nos anos 70 e, influenciado por ele, optou pelo curso de graduação em História:

> *Qual imagem você tinha da universidade?*
> Alexandre – Eu pensava o que era mesmo...
> *Em que ano entrou na faculdade?*
> – Em 82. Tinha ... muito *hippie* e anarquistas dentro da faculdade. Eu ainda não entendia direito o que era, eu ainda não fumava...
> *E os amigos do seu irmão?*
> – Ah, sim, mas eu era bobinho. Meu irmão foi estudar fora e eu fiquei aqui. Jogava bola com meus amigos, tentando me realimentar ... de vez em quando, meu irmão vinha no fim de semana e eu saía com ele. A cada mês reencontrava os amigos dele. Aliás, certa época, eu fui para a casa de um amigo dele que era casado com a Liz. Era um intelectual que sabia inglês, fazia caminhada, não gostava de tomar banho, jogava xadrez muito bem, tinha muito dinheiro. O cara era meio ligado em artes plásticas, pintura, mais Chico Buarque e Caetano. Um cara mais urbano, industrial, mas um pouco psicodélico. Então, eu fiquei na casa dele. Ele nem morava mais com a mulher. Ela fazia psicologia e eles tinham

um filho. Eu e mais uns amigos demos um tempo lá. Ficamos uns dois meses e sentimos um pouco o que era aquilo...

Acabei me afastando da faculdade, larguei o curso, tranquei matrícula, peguei os rapazes e fui para Presidente Prudente. Ficamos jogando bola.

Encontrei aqui um amigo que já tinha feito uma longa viagem. Eu tinha feito dezoito anos. Colocamos uma mochila nas costas e fomos para o litoral...

Sua mãe mandava dinheiro para vocês enquanto estavam lá?

– Não. A gente ia vivendo...

Mas nessa época você nem pensava que iria ser professor?

– Não. Eu estava só curtindo, acho. Eu pensava que ia pensar. O que eu queria era viver. Eu acho que eu queria ser louco. Queria viver a vida com intensidade e não ser massificado culturalmente. Não tinha muita preocupação com ensino, mas com o conhecimento mesmo ... Eu realmente acho que fui desordeiro...

Viveu em Assis uma vida cultural intensa no que diz respeito à música, arte, xadrez e militância estudantil, chegando a participar de uma invasão ao câmpus que teve por lema "68 em Paris, 86 em Assis". Esse clima de abertura radical às experiências parece refletir a mítica do revolucionário em sentido amplo, do "louco" não massificado culturalmente. Ele gostaria de estender essa postura de vida à sala de aula:

Como professor, o que você espera do seu aluno?

Alexandre – Olha, eu gostaria muito de ter uma escola onde as relações fossem definitivamente democráticas e os conteúdos realmente educativos. Trabalhar projetos, teatro, história, matemática, física... Essa coisa de problematizar com o jovem, fazer ele viver aquilo que nós vivemos na universidade. Hoje, muitas pessoas vão à universidade, mas poucas têm vivência acadêmica, vão à biblioteca, estudam filosofia, mexem nos livros. A coisa é muito profissional: eu vou lá, pago a mensalidade, pego meu xerox e faço a prova. Não temos universidades, mas faculdades.

O ensino médio poderia ser para o aluno um lugar de aprendizado, permitir – como nos EUA – a organização do time de basquete e a resolução de outras coisas relacionadas à comunidade estudantil. Isso ajuda o adolescente a decidir o que fazer da vida. Quando termina o colegial, o jovem ainda não amadureceu. Ele leva mais uns dois anos para entender qual vertente deve seguir ... O sistema educacional não dá atenção a este fato.

Ainda assim, acho interessante minha profissão de professor.

Segundo Alexandre, a Proposta da Cenp sugere um ensino que atenta a essa formação integral do adolescente no sentido libertário e emancipatório. A afirmação parece pertinente quando se tem em vista a metodologia sugerida, didaticamente exposta na segunda edição preliminar e mantida na última versão.

Usar o cotidiano como ponto de partida para resgatar sujeitos do conhecimento, da aprendizagem e da história, sem reduzir a produção do saber histórico à observação, ordenação e sistematização dos dados imediatos e aparentes, pressupõe promover um diálogo entre, de um lado, noções/conceitos históricos que devem ser construídos e, de outro, a própria realidade vivida. Esse diálogo é que poderá possibilitar uma compreensão do sentido de experiências sociais presentes e de um novo conhecimento sobre o passado. (São Paulo, 1986, p.4)

Ou seja, o ensino de História não deve se pautar em interpretações prévias, mas na experiência do aluno, objeto central da reflexão na escola. O trabalho em sala de aula deverá torná-la inteligível numa visão maior de processo. Desse modo, os professores abrem-se ao risco de não concluir seus trabalhos, o que, no entanto, não parece incomodar, pois o importante é essa formação integral do aluno a que se refere Alexandre. A Proposta da Cenp, talvez, permitisse pensar que a convivência com o incerto, a negação radical das verdades preestabelecidas, a "grande recusa" a que se refere Marcuse nos anos 60, atualmente, deixaram de ser o ideário de um gueto particular, jovens cabeludos, *hippies* e marginais em relação à sociedade. Vinte ou trinta anos depois do Maio de 1968, gritos libertários partem de equipes que assessoram os quadros dirigentes da política educacional e ecoam entre os professores.

A segunda parte do trabalho busca demonstrar que a atração pelo novo e pela experimentação, apesar das incertezas quanto ao resultado, surge como um forte componente nas respostas dos questionários respondidos pelos atuais professores da rede estadual nas cidades de Presidente Prudente, Assis e São Paulo. O importante seria a inovação, a quebra de tabus e o impulso de caminhar com as próprias pernas, no lugar de seguir caminhos já trilhados. Lanço a hipótese de que a divulgação desses ideais junto ao professorado deve-se às discussões referentes à reforma educacional nos anos 80.

Para Alexandre, a Proposta da Cenp tem um conteúdo libertário exatamente por não oferecer receitas ou fórmulas: "Os temas e sugestões são progressistas, mas você não fica neles". O professor precisa criar continuamente seu próprio trabalho, pois não encontra modelos; poder-se-ia talvez dizer que a ausência de modelos institui a experimentação. Desse modo, a mítica do bom professor fica deslocada num segundo plano e a mítica do revolucionário ganha relevo: experimentar o novo e romper com as tradições passadas é mais importante que os resultados. De certo modo, esse posicionamento vanguardista insere-se na recusa do tecnicismo pedagógico característico da política educacional dos governos militares.

A Reforma Universitária de 1968 e a Lei de Diretrizes e Bases de 1971 atendem a antigas reivindicações dos setores progressistas da educação, tais como a extinção das cátedras nas universidades, a instituição da escola básica de oito anos (eliminando os exames de admissão) e a abertura para a autonomia nas escolas, com ênfase na flexibilidade organizacional e curricular. No entanto, as inovações se inserem em um planejamento técnico, pautado nas ciências educacionais e administrativas, que cerceia a livre criação dentro das escolas. Para Dermeval Saviani (1999, p.6), tais ações inscrevem-se numa estratégia política que ele chama de "autoritarismo desmobilizador"; segundo o mesmo autor, a Reforma Universitária de 1968 foi uma estratégia desmobilizadora do movimento estudantil que enfrentava abertamente o governo e as autoridades.

No início dos anos 60, o MEB, as campanhas de alfabetização de adultos, os CPCs – estruturados à margem da organização escolar regular – canalizavam o descontentamento dos estudantes ansiosos por reformas dentro da própria universidade. Com a repressão desses movimentos após 1964, a universidade torna-se palco e alvo das reivindicações estudantis; os estudantes resolveram fazer a reforma com as próprias mãos e ocuparam as universidades (ibidem, p.72). O governo atende à parte das reivindicações, mas coloca a União Nacional dos Estudantes (UNE) na clandestinidade. Se a reforma traz conquistas significativas para a universidade – tais como a criação da pós-graduação e o incentivo à pesquisa com a instituição da jornada de trabalho em tempo integral para os professores –, elas são produto de um planejamento racional de técnicos brasileiros que retomam muitas orientações de especialistas norte-americanos que, em razão dos acordos MEC/USAID assinados desde 1964, se debruçam sobre a realidade educacional brasileira. Amparados na teoria do capital humano, querem tornar a universidade mais eficiente (sem injeções adicionais de recursos) para aumentar a qualificação do profissional brasileiro e impulsionar a economia. Daí a institucionalização do ciclo básico, do sistema de créditos por disciplinas, dos cursos de pequena duração e da departamentalização – reunião de disciplinas afins, concentrando ensino e pesquisa numa mesma área. O planejamento racional de técnicos cola-se à idéia de eficiência, assim como a participação passa a ser vista como desvio e desperdício (Romanelli, 1978, p.231).

Talvez se possa afirmar que o espírito de grupo, a ética de trabalho e a coesão, característicos dos professores da primeira geração, foram postos em xeque pela política educacional tecnicista dos governos militares, e não pelo perfil diferenciado, marginal e igualmente sedutor dos professores que compuseram o grupo aqui denominado de segunda geração. Esses formam vozes dissonantes e não majoritárias nos anos 70.

Desde a década de 1950, o "bom professor" da escola pública passa a ser duramente questionado pela metodologia expositiva e pelos altos índices de retenção. Segundo Maria Silvia Simões Bueno, o bom professor, que se fazia reconhecer pela clareza da fala e pelo esmero do discurso, foi alvo de severos reparos no contexto das reformas educacionais dos anos 60, tal como fez Azanha no texto reproduzido pela autora:

> O professor secundário era um indivíduo que se acreditava especialista na sua disciplina ... Mas ele não era um especialista, era um indivíduo semi-especializado. A semi-especialização, às vezes, é pior do que a especialização porque reforça certas atitudes de defesa. Foi o que aconteceu. (apud Bueno, 1993, p.54)

As discussões teóricas e metodológicas puseram abaixo os pressupostos do "ensino tradicional", e as reformas que abriram as escolas públicas às classes populares causaram perplexidade, como se pode observar no depoimento de um professor que estava na direção da escola em 1968, ano da Reforma Ulhoa Cintra, que eliminou os exames de admissão em São Paulo:

> os exames de admissão em Piraju eram muito rígidos e o pessoal entrava no ginásio bem qualificado. Havia uma seleção que costumava excluir 60 a 70% dos candidatos que passavam a cursos preparatórios ... Na época da reforma eu estava na direção ... Nesse ano formamos dez primeiras séries ginasiais ... Um aumento de, no mínimo, seis classes ... Acostumados a exigir muito do aluno, não aceitamos a mudança. (apud Bueno, 1993, p.53)

As discussões sobre didática e metodologia, praticamente ausentes até aquele momento, impõem-se juntamente com os "técnicos em educação" que deveriam subsidiar o trabalho dos professores junto às classes populares. O campo de trabalho do pedagogo, praticamente indefinido até aquele momento, será delimitado com vistas à implantação de métodos renovados, com fundamentação científica, que garantisse o sucesso escolar de grupos diferenciados de alunos.

O curso de pedagogia foi instituído no Brasil em 1939, mas não havia cargo algum que fosse exclusivo desse profissional (Silva, 1999, p.33). Médicos, dentistas, cientistas sociais lecionavam nos cursos de formação de professor primário e professores de diferentes disciplinas tornavam-se inspetores de ensino médio ou diretores de escola. As reivindicações da regulamentação do mercado de trabalho e da abertura de concursos públicos foram atendidas somente no final dos anos 60 pelos governos militares. O Parecer CFE n. 252/ 69 norteou a organização do curso e a atuação profissional do pedagogo até recentemente quando a Lei de Diretrizes e Bases n. 9394/96 descartou tal dispositivo. Segundo aquele, caberiam ao pedagogo as aulas dos cursos de formação de professor primário, e, mediante uma parte diversificada no currículo dos cursos de graduação, o pedagogo se habilitava a exercer as funções de diretor, coordenador, supervisor ou inspetor nas escolas. Portanto, a partir do "movimento de renovação pedagógica dos 70" (ibidem, p.4), caberá ao pedagogo as tarefas não-docentes da atividade educacional; o parecer estabelece metas e diretrizes do trabalho do professor e cuida para que essas se cumpram. A dimensão técnica impõe-se, estabelecendo um fosso entre saber e fazer pedagógico, e o professor, desqualificado como agente capaz de compreender e dirigir o processo educacional, em muitos casos se mostra hostil.

Nadai (1991) afirma que o curso de pedagogia era visto, nos anos 60, como uma continuidade natural dos estudos para os egressos das escolas normais, e muitos professores secundários recusavam o mesmo caminho, sentindo-se especialistas na sua disciplina. Nesse período, com a exigência do diploma de pedagogo para ocupar funções administrativas como a direção, muitos professores primários destacavam-se nas escolas sem, no entanto, conseguir o respeito do professor secundário. Orgulhoso do seu prestígio profissional e de sua capacidade de retórica, ele resiste às inovações dos "técnicos em educação"; muitas vezes, sentem as orientações pedagógicas como uma intromissão indevida do pedagogo numa área que não domina. Os Guias Curriculares de São Paulo (1975), por exemplo, vêm justamente privilegiar o trabalho com o texto e a escrita, deixando pouco espaço para o professor criar. Apesar das críticas recebidas atualmente pelo excessivo dirigismo, nos anos 70, muitos jovens professores, recém-licenciados, enxergaram nos Guias uma inovação democrática e progressista.

Dentre os nove professores entrevistados, nenhum se diz influenciado por eles, e os cinco que compõem a primeira e a segunda gerações afirmam o completo alheamento em relação ao discurso pedagógico de um modo geral.[15] Edna, Maria Silvia e Caetano não fizeram referências à Escola Nova, a Piaget – intensamente debatido nos anos 70 –, à chamada "escola ativa", nem mostraram-se simpáticos às tendências mais atuais da didática histórica. Edna e Maria Silvia criticam fortemente a proposta da Cenp e tiveram pouco contato com os PCNs; Caetano desconhece por completo ambos os documentos; nem sabia de sua existência.[16] Apesar do alheamento em relação à pedagogia, Edna, Maria Silvia e Lígia afirmam ter criado no cotidiano da sala de aula métodos inovadores para ensinar História, pautando-se na análise dos textos com vistas ao desenvolvimento da criticidade do aluno.

Sem incorporar o palavreado chulo ou o visual arrojado, Maria Silvia busca, nas escolas públicas nas décadas de 70 e 80, romper com os mitos e ilusões característicos da cultura e da sociedade tradicionais. Sua grande preocupação é desenvolver no aluno o espírito crítico, a capacidade de estabelecer relações, comparar fatos e posicionar-se perante o mundo com segurança e independência:

> é claro que o ensino deve despertar o espírito crítico – o que a escola tradicional não faz. O professor deve fazer o aluno pensar, raciocinar. Para fazer com que o aluno encontre soluções para os problemas, raciocine, compare e analise as coisas, é necessário fornecer subsídios para ele. Os subsídios, a base para qualquer raciocínio crítico são os fatos.
>
> Agora, o que é ser moderno? Passar aluno sem fazer prova, sem ter o conhecimento? Se isso é ser moderno, não sei o que eu sou. Nunca fui tradicional de fazer ele decorar, de fazer questionários.

---

15 Apenas Olga – professora primária e pedagoga, que se iniciou no ensino de História após quinze anos de magistério – mostra-se familiarizada com o discurso pedagógico.

16 Caetano nunca lecionou em escolas públicas. Assim como ele, Candia, aposentada da rede oficial de ensino há mais de dez anos, também desconhecia os documentos; surpreendeu-se com suas orientações e afirmou sentir-se aliviada com o fato de estar aposentada.

Maria Silvia sente-se na vanguarda perante os colegas por preocupar-se com o desenvolvimento de habilidades no aluno, entretanto rechaça tendências pedagógicas mais atuais que desvalorizam o conteúdo: suas provas são sem consulta e nelas pede comparações, comentários e análises. Em termos historiográficos, afirma-se igualmente inovadora por pautar-se na abordagem econômica e na visão processual:

> Maria Silvia – Eu sempre falo para o aluno que não há diferença na maneira de você estudar História ou Matemática: é raciocínio do mesmo jeito. Assim como você resolve problemas de Física, você raciocina estudando História. Se houve uma declaração de guerra, ela não ocorreu entre países amigos; é uma lógica. A História é como um quebra-cabeça no qual as peças devem se encaixar.
>
> Agora, o professor de cursinho ensina cada minúcia ... Meus filhos me perguntavam cada detalhe de História que me surpreendiam. Mas o cursinho não vai além do encadeamento dos fatos, descritos nos mínimos detalhes. Não se buscam relações entre os fatos; alguns alunos até conseguem, mas por mérito deles e não daquela história factual e positivista que ensinam para ele.
>
> Desde a nova história de Werneck Sodré, essa historinha divertida dos cursinhos caiu em descrédito.
>
> *Como foi essa renovação dos anos 60?*
>
> – Antes tinha apenas esta História tradicional, descritiva, que até hoje está nas aulas dos cursos pré-vestibulares. Os renovadores acrescentaram a história econômica, a pressão econômica da Inglaterra no processo de independência do Brasil, por exemplo.
>
> Antes, a História só falava que os portugueses vieram para a América e colonizaram o Brasil ... não se consideravam os interesses econômicos.

Ela requer dos alunos visão processual, capacidade de comparar/relacionar/deduzir e memorização dos fatos. Para Maria Silvia, o factual identifica-se com a verdade e deve ser apresentado ao aluno: o povo tomou a Bastilha, Portugal reconheceu a independência do Brasil, houve inflação de 10% ao ano; esses seriam fatos verdadeiros, inquestionáveis e aguardariam uma interpretação que os tornaria inteligíveis. Relacionando os fatos entre si, o aluno constrói sua própria interpretação, essa sim variável e ideológica. Se Caetano divulga a visão marxista da História, apresentando ao aluno sua interpretação dos fatos, Maria Silvia espera que o aluno o faça sozinho. Com base nesses dois depoimentos, pode-se concluir que a segunda geração encara o conhecimento histórico de modo mais sofisticado: para a anterior os fatos falam por si, não cabendo reflexões abstratas em torno deles; para essa geração, toda e qualquer descrição que torne inteligíveis os acontecimentos históricos têm implicações ideológicas.

Essa problematização dos conteúdos históricos parece encaminhar, gradualmente, a desvalorização dos fatos em si. Edna e Lígia criaram juntas um método inovador de lecionar História voltado para o desenvolvimento da capacidade de leitura e de interpretação de textos, embora não descartem a necessidade de se conhecerem os fatos históricos. No lugar da aula expositiva, trabalham a "estrutura do texto", ou seja, após breve descrição do conteúdo do texto a ser estudado, pede-se ao aluno, em classe, que o leia e monte um esquema com as palavras-chave. O esquema deverá revelar a estrutura do texto, apontar as idéias centrais, as secundárias e os argumentos. Lígia apresenta esse trabalho como uma alternativa para a aula expositiva – que, segundo ela, cansa tanto o aluno como o professor – e como uma necessidade atual, haja vista a crise do ensino de língua portuguesa decorrente da extremada valorização da gramática:

> Lígia – É bom trabalhar com os textos porque você orienta a pesquisa e o trabalho de leitura. Você tem uma aula muito mais amena, mais gostosa. O aluno se concentra e participa mais. Eu e a Edna combinamos muito porque trabalhamos a história crítica e não a factual, de datas e nomes. Eu não sabia datas e não fazia questão de decorar. Uma ou outra a gente acaba memorizando e cada vez que se prepara aula a gente relembra, procura memorizar ou anotar para usar no momento oportuno...
>
> A gente partia muito para a história crítica; nada de decorar perguntinha e resposta. Os nossos alunos não gostavam porque eles não queriam pensar, eles não queriam ter o trabalho de ler o texto e de

interpretá-lo. A nossa maior dificuldade era com a interpretação do texto. Os alunos liam o texto, e a gente queria saber: O que você leu neste parágrafo? Qual é a idéia principal? Eles não sabiam, eles não conseguiam interpretar o texto.

Este é um problema de português. Não sei o que aconteceu, mudou a metodologia, os professores não trabalham mais interpretação de textos.

No tempo da senhora havia interpretação de texto?

– Ah sim, nós tínhamos interpretação de texto. E depois valorizou-se muito a gramática, em prejuízo da literatura e da interpretação de textos. O professor de português não dá mais livros para o aluno ler. No meu tempo, a gente comprava os livros indicados pelo professor e fazia prova. Não só romance, um monte de livros. Então a gente tinha que ler e entender, porque as provas eram difíceis.

Eu e a Edna tínhamos muita dificuldade nesse nosso método de trabalho porque os alunos não estavam acostumados a ler e a interpretar.

Nas aulas dessas professoras, a leitura torna-se um fim e não apenas um meio de acesso às informações históricas – ao contrário do que pensam as gerações anteriores –, e as barreiras disciplinares são desrespeitadas com vistas ao pleno desenvolvimento intelectual dos alunos. É interessante observar que tal inovação, criada no cotidiano da sala de aula, sem contato com a literatura pedagógica (segundo as professoras), tem alguma semelhança com atividades dirigidas propostas e divulgadas pela Secretaria da Educação nos anos 70. A metodologia inovadora adotada por Edna e Lígia insere-se no clima geral de ruptura com as práticas do passado desencadeadas pelas reformas educacionais dos governos militares.

Olga, formada em pedagogia pela PUC, em 1973, e professora primária nos anos 70 no Madre Alix e no Colégio Santa Cruz – escolas particulares que atendem à elite financeira da cidade de São Paulo –, sugere que, naquela época, o conhecimento pedagógico e as novas metodologias de ensino, como o método Montessori e a pedagogia de Freinet, impuseram-se intencional e fortemente em algumas escolas. Ela, no entanto, não acredita na "democratização" das metodologias de vanguarda na rede pública, porque não se consideram as reais dificuldades que os métodos inovadores colocam para o professor: "Tudo é feito às pressas".

Olga – Agora é interessante observar que algumas escolas oferecem para você tudo que quiser e precisar...

Como é que funcionava o Madre Alix?

– A sala de aula não tinha fileira porque o colégio se inspirava nas chamadas escolas ativas. Todas as mesas e cadeiras ficavam encostadas nas quatro paredes. Em cada sala tinha o canto de português, história e geografia... além de umas estantes. Cada sábado a gente planejava as atividades para cada canto. Tinha um mural onde você indicava as atividades daquela quinzena ou semana, os objetivos das atividades e se elas eram individual ou em grupo. O aluno entrava e escolhia o que fazer, se ia trabalhar com matemática, português, história, geografia ... Se fosse um trabalho em dupla, ele escolhia seu parceiro. Se fosse de português, uma descrição, por exemplo, ele poderia descrever a aula de vôlei que estava acontecendo no pátio. Ele pegava o caderninho dele, observava e descrevia tranqüilamente sem aquela pressão do professor. Se preferisse, poderia ir para a sala de música e compor alguma coisa. Ele escolhia...

Isso até a oitava série ... Ele tinha um tempo para fazer a atividade e depois participava da hora da partilha. Podia ser diária ou semanal, o grupo de professores decidia. Neste momento, os alunos se sentavam e quem quisesse dizia o que tinha feito. A escola Montessori tinha uma coisa parecida com a hora da partilha e eu acho que o construtivismo tentou copiar ... Quem não quisesse participar da hora da partilha não precisava estar lá e escutar ... Não tinha nota, não tinha nada.

Veja só, a escola era limpíssima. Os funcionários só limpavam o corredor e o banheiro. A sala era função das crianças. Terminou a aula, tinha lá a ordem: quem varre, quem leva a pá, quem arruma as cadeiras. A sala ficava em ordem para o dia seguinte. A noção do bem coletivo, do patrimônio coletivo é tão grande que não tem por que não fazer. E não era feito com aquele rancor: hoje eu faço, amanhã será você. Não tinha isso.

Cria noção de responsabilidade coletiva?

– Claro, uma cultura diferenciada ... Mas era uma escola totalmente diferente em termos de liberdade, de entra e sai, de reunião de pais, do diálogo da direção com o professor ... Eu trabalhava com 3ª e 4ª séries.

Português, história e geografia que, na época, eram os estudos sociais. Lá saía conversa sobre tudo, em várias línguas.

Olga leva toda essa experiência para suas aulas de História nas escolas particulares de Presidente Prudente. Trabalhando sempre com o Ensino Fundamental (5ª a 8ª séries), implementa a pesquisa em sala de aula, pautada em um pensamento pedagógico. Ela valoriza o estudo da realidade local e procedimentos (como as excursões) que coloquem o aluno em contato com a realidade a ser compreendida; ela conta, por exemplo, que em 1995, durante mais de um semestre, sua 7ª série realizou uma pesquisa sobre o boi, numa perspectiva construtivista e interdisciplinar. Os alunos partiam da visita a um curtume em que acompanharam todo o processo de industrialização da matéria-prima, desde o couro verde até a embalagem para a exportação. Entrevistaram trabalhadores braçais e da administração que enumerou os países compradores das mercadorias. A partir daí, a sala foi dividida em grupos com tarefas distintas: uns pesquisaram dados sobre esses países; outros resgataram a história da pecuária em livros, sindicatos rurais e na UDR; outros ainda visitaram laticínios e frigoríficos e acompanharam o preço do leite e da carne desde a fazenda produtora até o supermercado. Cada grupo elaborou relatórios finais para o professor e cartazes de divulgação dos resultados que foram apresentados aos demais alunos da escola durante a Semana do Folclore. Ela explica que esse tipo de trabalho quer levar o aluno a situar-se criticamente ante sua realidade; portanto, o estudo do passado aparece como subsídio. A história da pecuária visa esclarecer as origens dessa atividade central na economia da sua cidade. Ela cita outros trabalhos semelhantes, de longa duração (mais de um semestre), como um estudo sobre a transformação da paisagem urbana após a construção do *shopping center* de Presidente Prudente.

É provável que os demais professores de História da sua geração dissessem: "Isso não é ensinar História". Alguns, talvez, admitissem a realização de um trabalho desse paralelo ao conteúdo programático tradicional. A terceira geração, no entanto, aplaudiria tanto a iniciativa como os resultados.

Ensino, técnicas e ideais

Como se pôde observar, os professores que compõem a segunda geração construíram seu próprio caminho de ruptura com o ensino tradicional, e alguns experimentaram práticas que se popularizaram nos anos 80. Uns influenciados direta ou indiretamente pelo discurso pedagógico e outros pelos ideais de esquerda têm como ponto comum a negação do objetivo educacional que os governos militares colocam para os Estudos Sociais: "o ajustamento crescente do educando ao meio ... em que deve não apenas viver, como conviver".[17]

Esse grupo pouco coeso e marginal em relação ao típico perfil dos professores nos anos 70 – o professor tradicional em fim de carreira e perplexo com as reformas educacionais ou o licenciado em Estudos Sociais, sem formação sólida – quis transformar o ensino em canal de emancipação da juventude, instigando a criticidade. Seus exemplos de resistência à modernização conservadora baseada no saber técnico e ao autoritarismo seduziam, despertavam a atenção e inspiravam outros professores – haja vista o respeito que gozam na comunidade. Os mestres que compõem essa "segunda geração", do mesmo modo que os professores da "fase de ouro da escola pública", empenham-se no ofício. Ambos os grupos têm um nome a zelar e, conforme afirmaram, desdobram-se numa jornada de trabalho que inclui a preparação minuciosa das aulas e das provas. Edna, aposentada da rede oficial de ensino, com mais de trinta anos de magistério e posição assegurada na escola particular onde trabalha, conta que passa a tarde preparando o material "como se estivesse começando a dar aula". Quando o aluno chega à sala, recebe, todos os dias, uma folha xerocada com documentos de época e o roteiro das atividades a serem desenvolvidas.

A qualidade do trabalho desses professores deriva da motivação constante que, por sua vez, não se separa de ideais profundamente

---

17 Conforme a Resolução n. 8/71, Art. 3º (apud Romanelli, 1978, p.244).

internalizados. Falar na mítica do bom professor ou do revolucionário não implica desmerecer seu perfil ou desnudar ilusões; ao contrário, pretende evidenciar que o difícil exercício da docência se faz mais eficaz quando presidida por uma causa, seja ela política, religiosa ou de qualquer outra natureza. Num extremo oposto, o professor desprovido de ideais pessoais e cerceado pelo saber técnico científico – sem condições de refletir sobre seu próprio caminho e sobre sua função – teria um desempenho menos satisfatório. Seja conseqüência do tecnicismo seja do autoritarismo, seja dos salários, o fato é que a maior parte dos professores atuantes na rede, a partir dos anos 70, não abraça a profissão com o mesmo entusiasmo. Os questionários respondidos em Presidente Prudente, Assis e São Paulo apresentaram o professorado como uma categoria intrinsecamente injustiçada: os mais expressivos exemplos de injustiça apresentados por eles são os seus próprios salários e as condições de trabalho.

Neste capítulo, procurei demonstrar que as reformas educacionais dos governos militares e a emergência de novos ideais políticos e sociais marcam uma ruptura na cultura e na identidade do professorado. Críticas à aula expositiva e ao professor "elitista" associam-se à imposição de novos modelos de ensino baseados em exercícios dirigidos e em livros didáticos que pretendiam garantir o sucesso de qualquer professor, independentemente da formação recebida. A segunda geração, em geral, opõe-se a esse contexto, pretendendo diferenciar-se dos tradicionais sem abraçar o tecnicismo.

O desencanto dos atuais professores ante o ofício causa certa perplexidade, pois, à medida que diminui a idade dos entrevistados, aumenta sua receptividade ao discurso acadêmico e pedagógico. O apreço à formação universitária parece ter apagado os últimos resquícios do missioneirismo do magistério e imposto a profissionalização. Essa tendência do ensino de História, talvez, denote o percurso da profissão docente no Brasil e no mundo ocidental. Segundo Popkewitz (1997, p.62), a partir do final do século XIX, o Estado e os "especialistas em educação" – amparados nas ciências humanas – promovem a profissionalização do trabalho docente e dão início a discussões cientificamente fundamentadas sobre a formação e a atuação dos professores com vistas à inserção dos grupos marginalizados na escola.[18]

Anteriormente, o professor era considerado "acima de qualquer classe social ou situação política" e, idealmente, caracterizado "por tratar os alunos de forma justa, sendo o seu sucesso determinado pela competência pessoal e trabalho árduo" (ibidem, p.75); portanto, não havia categorias a partir das quais se pudesse questionar seu processo de formação: a maior ou menor competência do mestre era um atributo pessoal. Com a incorporação das ciências humanas pelo discurso pedagógico, elabora-se um conjunto de habilidades, capacidades e atitudes a que o professor deve responder no seu trabalho diário. Na luta entre os "conceitos teológicos do ensino e os interesses instrumentais das novas profissões" (ibidem), crescem a pesquisa educacional e uma elite dirigente e/ou intelectual que – amparada em formulações científicas[19] – a um só tempo diminuem a autonomia do professor (depreciando o saber acumulado ao longo dos anos) e propõem reformas que, em alguns casos, respondem mais diretamente aos conflitos da sociedade que aos impasses do trabalho em sala de aula.[20] O mesmo autor lembra que os cargos de dirigentes, assim como as pesquisas, cabiam aos homens no momento em que ocorria a femininização do magistério; segundo ele, esse dado reafirma a submissão implícita à profissionalização do ensino:[21]

Escolas superiores de educação ... foram estabelecidas com a finalidade de fornecer caminhos profissionais para homens que quisessem se tornar administradores ... A pesquisa educacional concentrou-se nos processos e tecnologias pelos quais os administradores homens poderiam

---

18 No caso dos EUA (a que o texto se refere), esses grupos eram compostos principalmente por imigrantes.

19 Conforme destaca Popkewitz (1997, p.89), a fé nas conseqüências sociais da escolarização foi sustentada por um discurso que "vinculava progresso social à ciência". A psicologia foi a área que despertou maior entusiasmo.

20 Popkewitz (1997) enfatiza a descontinuidade das reformas educacionais, associando-as a essa característica.

21 Em 1800, a maioria dos professores era homens, em 1900, a maioria era mulheres.

organizar e monitorar as tarefas dos corpos docentes, basicamente femininos. (p.82-3).

"A separação pessoal e institucional entre investigação e prática",[22] entre saber técnico sobre a educação (domínio de pesquisadores e pedagogos) e ação docente (campo do professor) impõe uma relação de subordinação e a "proletarização": assim como o operário não domina o processo de produção controlado pelo engenheiro, o professor também teria sido desapropriado do seu saber-fazer. Alguns especialistas denunciam a relação simplista que historicamente foi estabelecida entre teoria e técnica pedagógica, o tecnicismo: a racionalidade técnica que incorpora mecanismos de administração de empresas e de fábricas ao sistema educacional. Não se pretende aqui estender essa lista de críticas,[23] mas registrar a maneira como os professores vivenciaram a reforma de ensino nos anos 60 e 70.

O próximo capítulo procura demonstrar que os debates educacionais travados a partir da década de 1980 dialogam com as mazelas do tecnicismo e abrem uma nova fase na história da profissão docente, pois busca-se uma redefinição da relação dos professores com o saber histórico e pedagógico.

---

22 A racionalidade técnica pressupõe a "separação pessoal e institucional entre investigação e prática" e impõe, pela própria natureza da produção do conhecimento, uma relação de subordinação dos níveis mais aplicados e próximos da prática aos níveis mais abstratos de produção de conhecimento (Gómez, 1997, p.97).

23 Ver Nóvoa (1998), Pimenta (1997), Hutmacher (1995, p.43-76), Canário (1995, p.161-87), Kincheloe (1997), Trevisan (1976) e Scheffler (1974).

2
PESQUISADORES E PROFESSORES: MODERNOS E OUSADOS

Lourdes Marcelino Machado (1998) sugere que os anos 80 representaram um corte na história da educação brasileira, cuja amplitude demandará décadas para ser devidamente avaliada. No Estado de São Paulo, o PMDB chega ao governo em 1983 após ampla campanha que sensibilizou toda a sociedade e os educadores; o documento que subsidiou o trabalho dos dirigentes da campanha eleitoral criticava o autoritarismo, a centralização e o tecnicismo dos militares e vislumbrava um novo modelo educacional pautado na descentralização e na participação comunitária. No âmbito nacional, os debates sobre a instalação da Assembléia Nacional Constituinte e sobre a nova Lei de Diretrizes e Bases da Educação Nacional também mobilizaram professores e especialistas em educação que chegaram a organizar o famoso Fórum Nacional de Educação. A idéia de reconstrução do país – para remover o "entulho autoritário" – implicava o engajamento político e a defesa da escola pública, gratuita, democrática e de qualidade.

À revelia das organizações dos professores, a Constituição de 1988 previa a transferência de recursos públicos para a escola privada e a LDB aprovada constituía um texto genérico e minimalista "de modo a deixar caminho livre para a apresentação e aprovação de reformas pontuais" (Saviani, 1997, p.200), inspiradas no neoliberalismo. Saviani aponta que as eleições de 1989 compuseram um Congresso muito mais conservador e liberal – favorável aos interesses das "empresas educacionais privadas" – perante o qual o projeto de LDB apresentado pelos professores foi politicamente derrotado. Para Lourdes Marcelino Machado, a década de 1990, iniciada com a eleição de Collor para a Presidência da República, inaugurou uma era fugaz de populismo, de espetacularização da política que mascara a perda das conquistas sociais dos trabalhadores e a desmobilização dos grupos sociais. Ela lança mão do conceito de "populismo neoliberal", proposto por Saes (1994), para caracterizar a política educacional do governo Fleury no Estado de São Paulo (Machado, 1998, p.50).

Em face de rápida mudança ideológica nas políticas públicas (ênfase democrática nos anos 80 e neoliberal na seguinte), é possível indagar: como se posicionam os atuais professores que, em sua maioria, vivenciaram as reformas educacionais de ambos os momentos?[1] Ainda valorizam a participação comunitária que embasava a noção de cidadania na década de 1980? Houve rupturas na identidade dos docentes e nas relações de trabalho ante os discursos dos anos 80 e 90 que, apesar das suas inegáveis discordâncias, igualmente reivindicaram a contribuição da escola para o futuro do país?

Tais questões serão discutidas neste capítulo com base nos questionários respondidos pelos professores de História em Presidente Prudente, Assis e São Paulo, nas entrevistas da "terceira geração" de docentes e na literatura referente ao tema.

Ideário político e educacional de professores de História

Em 115 anos de história republicana no Brasil, tivemos apenas 36 anos de efetivo exercício democrático – descontados o coronelismo

---

1 No interior do Estado de São Paulo, mais da metade dos professores que respondeu ao questionário tem mais de quinze anos de exercício profissional, ou seja, iniciou suas carreiras nos anos 80; e eles "se fizeram professores" no calor dos debates sobre a renovação do ensino.

da República Velha (1889-1930) e o estado de exceção que o país viveu sob os governos de Vargas (1930-1945) e dos militares (1964-1985). No início dos anos 60, assim como na segunda metade dos anos 80, há uma crescente mobilização popular sob a influência de líderes de "esquerda". O movimento estudantil, as atividades dos sindicatos e dos partidos, entre outros, foram interrompidos pela repressão, e, vinte anos depois, com a abertura, muitos militantes do outro período voltaram à cena política no afã de resgatar as potenciais conquistas inviabilizadas pela ditadura.

Nas eleições de novembro de 1986, o PMDB elegeu os governadores de todos os Estados, menos o de Sergipe, e conquistou a maioria das cadeiras do Senado e da Câmara dos Deputados, o que demonstra a expectativa dos eleitores pela renovação dos quadros políticos e da sociedade como um todo. Chegou-se a dizer que o PMDB poderia vir a ser uma espécie de Partido Revolucionário Institucional (PRI) que alcançou praticamente o monopólio do poder no México, por longos anos (Fausto, 1995, p.524). As esperanças voltaram-se para a elaboração das leis; assim, a Constituição promulgada em outubro de 1988 refletiu o clima de mobilização, incorporando garantias sociais e políticas aos cidadãos e às minorias. O texto constitucional reconhecia o direito de índios e remanescentes de quilombos às terras tradicionalmente ocupadas e criava o *habeas data*, pelo qual todo cidadão tem acesso a informações sobre sua pessoa constantes em arquivos e registros governamentais. Ele também assegura direitos e deveres coletivos, tais como a faculdade de sindicatos e partidos com representação no Congresso impetrarem mandato de segurança contra autoridade pública. Os diversos segmentos da sociedade organizam-se com vistas à garantia dos seus direitos, inaugurando novas formas de mobilização que foram analisadas por Eder Sader (1988). Segundo o autor, evidenciam-se perspectivas para a luta política, preenchendo a noção de cidadania como algo mais que direito de voto e de organização partidária. Há forte valorização do cotidiano como espaço da ação, porque revela a "tensão e a ambigüidade entre o conformismo e a resistência" (ibidem, p.141).

A sala de aula passa a ser entendida como o espaço de uma prática que pode se revelar transformadora ou conservadora, dependendo da metodologia empregada. Paralelas a essa noção que instiga o debate pedagógico, emergem organizações de professores que desencadeiam longas greves por melhores salários e condições de trabalho. Segundo o depoimento de um professor atuante na rede estadual de ensino desde 1943, um dos participantes da fundação da Apenoesp em 1945, os mestres sempre ganharam mal, mas antigamente "tinham *status*, professor era professor"; era "mendigo de colarinho" (apud Ricci, 1992, p.41). Tal percepção apaga-se nos anos 80, quando o movimento docente denuncia o sucateamento da escola pública pelos governos militares. Os salários, a proletarização, a doutrinação ideológica dos livros didáticos, a desqualificação com as licenciaturas curtas e com o tecnicismo, a separação entre ensino e pesquisa, o distanciamento entre a universidade e o Ensino Fundamental e Médio são apontados como produto da política dos militares, como se a escola pública anterior a 1964 fosse marcada pela criticidade. O discurso de oposição aos militares vislumbra um fosso, na história da cultura, a separar o presente de uma era gloriosa (os anos imediatamente anteriores ao golpe militar de 1964) que deveria ser retomada.

Nos anos 80, é denunciada uma bem-sucedida política cultural, levada a cabo pelos governos militares, embasada na "doutrina de segurança nacional". Segundo o *Manual Básico da Escola Superior de Guerra*, o Estado autoritário não deve reprimir a cultura; deve desenvolvê-la com vistas a garantir o poder nacional.[2] De fato, os anos 60 e 70 assistem a um grande crescimento da cultura de massa[3]

---

2 Segundo o *Manual Básico da Escola Superior de Guerra*, "no Estado de Segurança Nacional, não apenas o poder conferido pela cultura não é reprimido, mas é desenvolvido e plenamente utilizado. A única condição é que esse poder seja submisso ao Poder Nacional com vistas à Segurança Nacional" (apud Ortiz, 1985, p.82).

3 Entre 1964 e 1980, há um formidável crescimento na distribuição e consumo dos bens culturais a partir do estímulo/controle do Estado autoritário. Consolidam-se os grandes conglomerados que controlam os meios de comunicação de massa

que legitima e justifica o autoritarismo, além de empolgar setores das classes médias. *Slogans* do tipo "Você trabalhou e o Brasil cresceu", "Brasil, país do futuro", "Ninguém mais segura este país" surtiram algum efeito. Como foi apontado no capítulo anterior, promoveram-se reformas educacionais que ampliaram a oferta de vagas nas escolas e diminuíram a autonomia dos mestres com a imposição dos estudos dirigidos e divulgação de manuais didáticos. A denúncia desses fatos coloca-se com intensidade nos anos 70 e 80, particularmente em meio aos professores de História, pois a ideologia autoritária, formulada pelos manuais da Escola Superior de Guerra, assentava-se em certo entendimento do passado brasileiro, divulgado nos manuais didáticos do Instituto Nacional do Livro que, em última instância, justificavam o Estado autoritário e a submissão dos cidadãos. Aos olhos da esquerda, a revisão ideológica na interpretação do passado nacional era tarefa urgente – daí a centralidade da disciplina nos debates.[4]

Desde a fundação da Escola Superior de Guerra (ESG),[5] que postulava o combate à "ameaça comunista internacional", segmentos do

---

(TV Globo, Editora Abril etc.); há o *boom* da literatura em 1975, o advento dos *best-sellers*, o crescimento da indústria do disco, do turismo e do movimento editorial; ganham destaque o cinema, a televisão e a imprensa de um modo geral. Os dois maiores investidores são o Estado e as multinacionais; o primeiro financiou, prioritariamente, o teatro (Serviço Nacional do Teatro), o cinema (Embrafilme), o livro didático (Instituto Nacional do Livro), as artes e o folclore (Funarte). À iniciativa privada, coube a administração dos meios de comunicação de massa. Sob rigoroso controle da censura, buscava-se a legitimação do Estado pela cultura, tornando-a um mecanismo de controle social (Ortiz, 1985, p.88).

4 Jaime Cordeiro (1994, p.i) salienta a desproporção existente nos anos 80 – momento da "distensão lenta e gradual", que culminou no retorno à democracia – entre o pequeno número de aulas de História nas escolas e a intensidade da discussão que se travou em torno da disciplina. Com duas ou três aulas semanais no Ensino Médio e, no máximo, quatro no Ensino Fundamental, os debates sobre a renovação da disciplina chegaram aos jornais de grande circulação, e a História do Brasil foi a única área do conhecimento trabalhada nas escolas, a qual mereceu menção especial na Constituição de 1988.

5 Criada em 20 de agosto de 1949, imitando sua congênere norte-americana dos anos 30 (o National War College), a ESG foi destinada a ser um centro de "altos

Exército respondem à ideologia da guerra fria e à Doutrina Truman[6] com a Doutrina da Segurança Nacional, segundo a qual o brasileiro seria um povo cordial e pacífico, por isso mesmo, presa fácil da ação comunista externa. As elites políticas nacionais, do mesmo modo, seriam despreparadas e ineficientes para garantir a segurança nacional e o desenvolvimento econômico. Impunha-se ao Brasil, como necessidade histórica, um governo forte, capaz de garantir a "democracia". As linhas mestras dessa interpretação da História do Brasil são muito anteriores à Escola Superior de Guerra; sua elaboração remonta aos "intelectuais tradicionais" que, embasados no pensamento racial, são recrutados nos Institutos Históricos e Geográficos e nas Academias

---

estudos" político-militares. Tornou-se um importante centro de atividade política e de irradiação ideológica, reunindo grupos da intelectualidade civil e militar. Destacam-se os generais Golbery do Couto e Silva, Castelo Branco e Cordeiro de Farias, além dos professores Glycon de Paiva, Garrido Torres e Mário Henrique Simonsen. A atuação do grupo foi valiosa para o golpe militar e para a sustentação do regime após 1964.

6 No início de 1947, estava dado o passo inicial à política da guerra fria quando os EUA decidiram substituir a Inglaterra no controle da região do Mediterrâneo Oriental, principalmente Grécia e Turquia, contra o avanço soviético. A justificativa desse intervencionismo consta num discurso do então presidente Harry Truman no Congresso norte-americano:
"No presente momento praticamente todas as nações devem escolher entre formas alternativas de vida. Muito freqüentemente essa escolha não é livre.
Uma forma de vida é baseada na vontade da maioria e distingue-se por instituições livres, governo representativo, eleições livres, garantias à liberdade individual, liberdade de expressão e eleição, ausência de opressão política.
Creio que os EUA devem apoiar os povos livres que resistem à tentativa de servidão por minorias armadas ou a pressões externas. Creio que devemos ajudar os povos livres a forjarem seus destinos com suas próprias mãos...
Os povos livres do mundo olham para nós esperando apoio na manutenção da sua liberdade.
Se fracassarmos na nossa missão de liderança, talvez ponhamos em perigo a segurança de nossa própria nação".
Assim estava lançada a base da Doutrina Truman, segundo a qual a URSS apresentaria um antagonismo inconciliável como o mundo capitalista, e sua tendência expansionista só poderia ser detida por uma hábil e vigilante aplicação de uma contraforça em uma série de pontos geográficos. Pela Doutrina Truman, era necessário bloquear o expansionismo soviético ponto a ponto, país por país.

de Letras desde o século XIX.[7] Nos anos 30, particularmente após a fundação da Universidade de São Paulo, em 1934, vão-se consolidando novos modelos para a escrita da História do Brasil, e aquela tradição, cada vez mais, fica à margem da vida cultural brasileira até 1964 quando seus intelectuais apoiam o golpe militar (Ortiz, 1985, p.91) e são chamados para elaborar o Plano Nacional de Cultura. Segundo a interpretação de Elza Nadai (1993), a História serviu para justificar o que existe, para induzir à aceitação de um presente que deve integrar seu passado.

Para traçar as linhas gerais de uma história da cultura no Brasil, Antonio Candido (1987, p.186) apresenta a Revolução de Outubro de 1930 como um marco divisor em nossa vida intelectual, a fim de superar a postura aristocrata e mascaradora dos conflitos sociais, característica das análises da "realidade brasileira". Segundo ele, a consciência ideológica passa a se refletir nas obras produzidas a partir de 1930: "o inconformismo e o anticonvencionalismo se tornaram um direito e não uma transgressão". Tendo em vista a "penetração difusa das preocupações sociais e religiosas", completa:

> Uma das conseqüências foi o conceito de intelectual e artista como opositor, ou seja, que o seu lugar é no lado oposto da ordem estabelecida; e que faz parte da sua natureza adotar uma posição crítica em face dos regimes autoritários e da mentalidade conservadora. (ibidem, p.195)

---

7 Essa "linhagem" intelectual ligada aos Institutos Históricos e Geográficos e Academias de Letras que os historiadores da cultura chamam de "tradicionais" elaboram, no século XIX, a primeira interpretação "científica" da História do Brasil e incorporam o "quadripartite" francês (a periodização da História a partir de fases lineares e consecutivas: Antiga, Medieval, Moderna, Contemporânea). No mesmo período, assiste-se à incorporação da História ao universo escolar: até então cultivada como narrativa literária, a História assume a roupagem científica sob a influência do positivismo e/ou do darwinismo social e estabelece a imagem de um progresso constante para a humanidade, pontuando as origens das nações e da civilização.

As revisões críticas da história nacional, escritas a partir de 1930,[8] não penetraram no universo escolar. Continuaram sendo utilizados manuais franceses, traduzidos ou não, que enfocavam a História Universal, sendo a História do Brasil um apêndice daquela, com um número diminuto de aulas nos anos finais do curso ginasial (Nadai, 1993, p.146). Apesar disso, Nadai localiza, no início dos anos 30, o momento em que se abrem novas perspectivas para o ensino da disciplina: a criação dos primeiros cursos universitários para a formação de professores teria contribuído para o fim do didatismo, e as idéias escolanovistas, divulgadas no mesmo período, instigavam críticas à ênfase no passado, à cronologia dos programas, à identificação entre nacionalismo e militarismo, à memorização e à passividade dos alunos. O tema da renovação do ensino de História encontra diferentes interpretações; desse modo, Dea Fenelon (1991) afirma que a ruptura com o positivismo e a abertura de novos caminhos para o fazer histórico somente ocorrem nas décadas de 1960 e 1970, com os cursos de pós-graduação que colocam em questão os pressupostos teóricos da narrativa histórica. José Roberto Amaral Lapa (1985), no entanto, aponta o descompasso, nos anos 60 e 70, entre a historiografia trabalhada na pós-praduação recém-instituída e os demais níveis de ensino. Ele destaca que nos cursos de pós-graduação foi

---

8 Segundo Candido (1987), a atitude de análise crítica em face da realidade encarnou-se nos "estudos brasileiros" de história, política, sociologia e antropologia reunidos em coleções como a "Brasiliana", fundada e dirigida por Fernando de Azevedo na Companhia Editora Nacional; a "Coleção Azul" da Editora Schmidt; "Problemas Políticos Contemporâneos"; "Documentos Brasileiros" da José Olympio; "Biblioteca de Divulgação Científica" da Editora Civilização Brasileira etc. Apesar do cunho mais ou menos conservador de algumas dessas obras, elas representariam uma "radicalização progressista" por colocar a "consciência social" e o interesse de estudar no negro num amplo movimento de reinterpretação do passado nacional. Menos marcados pelo conservadorismo foram os livros *Raízes do Brasil* (1935) de Sérgio Buarque de Holanda e *Formação do Brasil Contemporâneo* (1942) de Caio Prado Júnior. Esse último é apresentado por Candido como a culminação desse movimento cultural por chamar a atenção para as formas oprimidas de trabalho a partir de um ângulo estritamente econômico.

grande a influência da Escola dos Annales e de autores como Thompson, Hill e Hobsbawm, cujas obras passavam despercebidas pela censura, sendo traduzidas e divulgadas, mas as escolas continuaram ensinando a história ideológica e conservadora. Os próprios cursos universitários de formação de professores, sob rígido controle dos governos militares, não incorporaram essa historiografia crítica e progressista.

No que diz respeito ao professor da rede pública, os anos 60 e 70 parecem marcar o final de carreira dos "bons professores" no sentido "tradicional" e a formação de novos perfis a partir da Reforma Universitária que, entre outras coisas, criou os cursos de curta duração.[9] Os cursos de Estudos Sociais proliferam junto às faculdades particulares que oferecem facilidades ao aluno, tais como as licenciaturas em História e Geografia com apenas três anos de estudos. Para Selma Guimarães Fonseca (1993), as Ciências Sociais perdem a sua especificidade, e a formação aligeirada desqualifica o profissional. Tal interpretação desconsidera que, antes da criação dos cursos de Estudos Sociais, a maior parte dos professores também não tinha formação específica.

Lígia conta que, na "fase de ouro da escola pública", muitos "bons professores" prudentinos não tinham freqüentado faculdades, eram pedagogos ou professores primários que fizeram a Campanha de Aperfeiçoamento e Difusão do Ensino Secundário (Cades), um programa do governo federal que, no início da década de 1960, fornecia autorização para lecionar, em locais onde houvesse carência de faculdades ou de professores habilitados, com apenas um mês de curso. Ela própria tem na carteira do MEC licença para lecionar História e Português, pois, buscando aperfeiçoamento nos estudos da língua, freqüentou um desses cursos no mês de janeiro em meados dos anos 60. Ela completa:

> boa parte dos renomados professores da cidade já davam aula quando regularizaram a situação no magistério através de uma faculdade que

---

9 Os cursos de curta duração são criados pelo Decreto-Lei n. 547/69.

oferecia curso vago no norte do Paraná (acho que era em Jacarezinho). Mas isso já era o início da década de 70. Nem vou citar nomes por uma questão de ética. Muitos ainda são um mito.

Segundo ela, as licenciaturas curtas trouxeram aos mestres um nível de estudos que nem sempre existia, a faculdade.

O depoimento confirma a hipótese de que a sólida formação acadêmica e a iniciação científica impõem-se como necessárias aos mestres muito recentemente: nos anos 80. No início da década de 1970, a grande meta governamental era o professor polivalente que, ante o amadorismo dos anteriores, representava um avanço no caminho da profissionalização do trabalho docente. Lígia conta que as fontes das aulas dos colegas da área de História na "fase de ouro da escola pública" eram autores que, ao lado de Machado de Assis ou José de Alencar, compunham obrigatoriamente as estantes de qualquer médico ou advogado que se pretendesse culto; esses seriam os casos de Will Durant e Cesare Cantu. Os Guias Curriculares apresentavam inovações quanto à de metodologia de ensino, mas ainda se adaptavam ao professor autodidata por não romper com a historiografia tradicional, com linguagem afeita à oralidade e de fácil compreensão ao leitor culto médio, e por apresentar modelos de estudos dirigidos. Raquel Glezer (1984) estuda a aparente renovação dos livros didáticos empreendida no final dos anos 70 e demonstra que "o conteúdo veiculado é basicamente o mesmo das obras de 40 e 50, apenas acrescidas novas informações ou, pior ainda, em nome da 'modernidade', o conteúdo é restrito e empobrecido". Portanto, a "modernização" desses materiais não se deu pela incorporação da produção de esquerda, que marca os meios especializados em meados dos anos 60 e 70, ou pela exigência de que a escola básica trabalhasse as habilidades do historiador, a análise crítica dos textos.

A História predominante nas escolas desde longa data até meados dos anos 80 era a mesma que embasava a "doutrina de segurança nacional", pautada na biografia dos grandes heróis da História Nacional – cujos feitos expressam o "ser nacional" e o estágio civilizatório" dos povos.[10] Ficavam excluídos os populares, os vencidos e os marginais de narrativas que constituíam abstrações mascaradoras das desigualdades sociais, da dominação oligárquica e da ausência de democracia. A nação resultava da "colaboração pacífica" entre europeus, africanos e índios, e o branco assume um papel central no progresso histórico. A ênfase da análise recai sobre os aspectos positivos, ou seja, as contribuições das raças para a música, a língua, a culinária e, de um modo geral, para a formação de uma cultura sincrética, capaz de impor uma postura de tolerância. Em autores como Gilberto Freyre, membro do Conselho Federal de Cultura criado em 1966 pelo governo militar, encontra-se narrativas que afirmam a existência de um universo social isento de contradições. *Casa grande & senzala* sugere que o senhor diferencia-se do escravo sem opor-se a ele; a idéia de harmonia estende-se às relações entre portugueses e árabes, cidade e campo, indústria e plantação (Ortiz, 1985, p.96). A mestiçagem e o convívio pacífico de elementos heterogêneos assumem o sentido de liberdade e de democracia: a "democracia racial" constituiria a essência da "brasilidade" e o brasileiro seria marcado pela cordialidade e pelo caráter pacífico.

Somente nos anos 80, o comprometimento com as causas populares perpassa a historiografia indicada, assim como as discussões pedagógicas. Os livros didáticos são descartados em nome da autonomia do professor e da necessidade de se estabelecer na escola um diálogo entre os conceitos históricos e a realidade vivida. Tematizando o cotidiano e a cultura dos trabalhadores, buscava-se sensibilizar o aluno para as formas de dominação e de resistência que perpassam a vida de todos os cidadãos. Parafraseando Candido (1987), pode-se dizer que a partir da década de 1980, para os professores de História, "o inconformismo e o anticonvencionalismo tornam-se um direito e não uma transgressão".

---

10 Em nome da "educação cívica e moral da pátria, dever-se-ia estudar a biografia de brasileiros célebres, de notícias históricas do Brasil Colônia e Império, a História da Proclamação da República" (Nadai, 1993).

Jaime Cordeiro (1994) entende a Proposta da Cenp como o ponto culminante de um debate progressista sobre o ensino de História – marginal em relação às políticas públicas até o momento em que os professores das principais universidades paulistas são convidados a prestar assessoria à equipe da Cenp. O texto da primeira versão preliminar divulgado em 1986, que desencadeou grande polêmica nos meios de comunicação de massa, associa ensino e transformação social, pois assume a concepção de que "História ... é prática social e o vir a ser é construído pelo ser social em suas várias dimensões do presente" (ibidem, p.4); ou seja, o fazer pedagógico revela-se como o lugar da luta social capaz de levar o aluno a perceber-se como "sujeito do conhecimento, da aprendizagem e da história" (p.6). A idéia de participação na construção do futuro, de luta contra a dominação vem atrelada a uma recusa dos conhecimentos prontos e consagrados; portanto, espera-se que o ensino de História "eleve a experiência sua inteligibilidade" habilitando os alunos à participação social consciente e crítica. Nesses termos, define cidadania como participação política, uma noção muito presente nas respostas dos questionários aplicados em Presidente Prudente, Assis e São Paulo.

Apareceram as seguintes respostas para a questão que indagou as características do professor ideal de História (Quadro 4).

Quadro 4 – Questão 23: Para o bem da população,
qual o professor ideal de História?

Prudente (32)	Assis (30)	São Paulo (10)
Desperta a consciência e o senso de cidadania no aluno: 10	Atualizado: 6	Não existe: 2
Não respondeu: 9	Que forma o aluno crítico: 5	Que dá o melhor de si: 1
Crítico: 4	Comprometido: 5	Atuante: 1
Transmite conhecimento: 3	Consciente de sua tarefa: 4	Crítico: 1

Continuação

Prudente (32)	Assis (30)	São Paulo (10)
Sincero: 1	Sabe transmitir: 4	Engajado: 1
Identifica-se com o aluno: 1	Não respondeu: 3	Comprometido: 1
Satisfaz o aluno: 1	Crítico: 2	Contempla diferentes possibilidades e necessidades dos alunos e da sociedade: 1
Dá o melhor de si e gosta de ensinar: 1	Boa formação acadêmica: 2	Diversifica a aula: 1
Todos: 1	Adaptado à clientela: 2	Avalia a aula: 1
Faz a história do cotidiano: 1	Que dialoga: 2	Planeja a aula: 1
	Sensível: 1	Bom senso dentro da sua realidade: 1
	Não dá para agradar a todos: 1	Desenvolve um espírito crítico junto com seu aluno: 1
	Real: 1	
	Depende da clientela: 1	
	Idealista: 1	
	Não existe: 1	
	Engajado: 1	

O perfil ideal define-se pelo trabalho que o professor realiza com os alunos e pelos objetivos de suas aulas; desse modo, o melhor mestre de História seria aquele que desperta a consciência, senso de cidadania e a criticidade. A preocupação de associar ensino/participação social confirma-se quando se indagam explicitamente os objetivos de suas aulas (Quadro 5).

Quadro 5 – Questão 14: Assinale os itens mais valorizados, enquanto objetivos do seu curso (exclua os irrelevantes)

	Prudente (32)	Assis (30)	São Paulo (10)
Trabalhar leitura, interpretação e produção de textos	29	25	9
Garantir o domínio do conhecimento do passado	2	5	1
Relacionar presente e passado	27	24	8
Levar o aluno a perceber-se como sujeito da História	26	26	10
Formar o cidadão crítico	28	27	10
Memorização	3	0	0
Outros:	4 (não informaram)	1 (levar o aluno a gostar de História)	1
Não responderam	0	2	0

"Levar o aluno a perceber-se como sujeito da História", "formar o cidadão crítico" são palavras encontradas nos objetivos educacionais de qualquer planejamento escolar nos últimos anos, denotando que o sentido de engajamento político é mais importante que os conteúdos em si, como se pode concluir pelo depoimento de Silvio:

Silvio – Eu vou dar uma aula sobre Revolução Francesa. Vou aos fatos e depois falo dos ideais que a burguesia conseguiu consolidar e onde fica o povo na história.

– *O que o aluno precisa aprender estudando Revolução Francesa? Você passa pelas datas e pelos fatos, mas eles não são essenciais. O que é o essencial? O que o aluno precisa saber depois de estudar Revolução Francesa?*

– O aluno precisa entender que a sociedade é política. Ele deve perceber a necessidade da consciência política. O tema da formação política é o mais importante no estudo da Revolução Francesa.

Durante a revolução, o povo reprimido foi para as ruas lutar. O aluno tem que comparar com a atualidade. Não existe Paraíso na Terra, existe uma coisa que se chama justiça social, direitos respeitados. Como é que nós vivemos hoje? Você respeita o fulano lá da vila? Como você o chama? Se ele vier aqui, como será tratado?

A primeira vez que eu falei sobre a Revolução Francesa, um aluno me perguntou sobre o MST, reforma agrária, isso foi recente. Mas toda vez que estou dando aula sobre Revolução Francesa, surge alguma outra coisa.

– *Outra coisa mais importante que a Revolução Francesa?*

– Onde você está querendo chegar?

– *A lugar nenhum, mas tenho a impressão de que a História em si é vista como um canal. O passado aparece como um meio e não como um fim.*

– Ela é o meio, claro. A História é um meio e não um fim. Correto; aliás essa idéia aparece, dita de outra forma, na proposta da Cenp.

É extremada a preocupação dos atuais professores de História com a formação política dos alunos. Pode-se supor que a perspectiva da intervenção do cidadão comum na esfera pública – forte a partir da década de 1980, quando a sociedade se mobiliza em torno do projeto de redemocratização do país – marcou profundamente a atual geração de professores. A maior parte dos que respondeu ao questionário tem mais ou menos quarenta anos (entre 35 e 45 anos), iniciou a carreira durante os anos 80 e, apesar do avanço neoliberal, mostrou-se marcada pelo debate político e educacional que envolveu a elaboração da Proposta da Cenp. A noção de cidadania abraçada reflete o clima político da época, caracterizado pelo desejo de mobilização com vistas à participação na gestão pública.

Como destaca Ruth Cardoso (1994), até os anos 80, os movimentos sociais eram vistos e analisados como quebras dentro do sistema político ou como instrumentos de participação que substituíam os partidos ou associações, implicando uma oposição ao Estado, ao partido e ao sistema político. A autora associa essa visão dos movimentos sociais nos anos 70 ao contexto da ditadura, quando a simples análise destes era, por si só, engajada, pois a repressão impedia que se falasse neles. Nos anos 80, com a democratização, os estudos sobre os movimentos sociais se voltam para a institucionalização, para a relação com o Estado, modificando a cultura política que estava calcada num discurso anti-Estado. Conselhos da mulher, do negro, da criança mostram a aproximação dos movimentos sociais com os meios de comunicação de massa e com o Estado, "ampliando o modo de gerir a área das políticas públicas".

A mesma autora afirma que os primeiros governos democráticos, vitoriosos nas eleições de 1984, chamavam para o diálogo os diferentes movimentos sociais concorrentes entre si e não souberam lidar com essa diversidade. Buscava-se consenso para implementar programas, mas cada movimento via a si mesmo como prioridade absoluta. Os conselhos não tiveram sucesso e mobilizaram menos que o esperado, criando uma visão derrotista. Colocava-se, portanto, uma tarefa a cumprir: a redefinição do conceito de cidadania, tradicionalmente calcado na idéia dos direitos individuais, colocando em questão os direitos coletivos. Esse percurso levaria à superação da herança de 21 anos de autoritarismo e à consolidação da "nova cidadania".[11] As escolas – particularmente a disciplina História – são mobilizadas para cumprir tal tarefa na efervescência da luta pela democratização política do país e da escola.

---

11 Segundo Fábio Konder Comparato (1993), a idéia mestra da "nova cidadania" é a de *participação*, viabilizada por mecanismos que permitam ao povo intervir nas finanças públicas, defender o meio ambiente, controlar o poder público instituído, ou seja, controlar os chamados "interesses difusos", não encarnados especificamente por grupo ou classe social. A nova cidadania retoma o poder de decisão popular – característico da democracia grega e ausente nos tempos modernos – por intermédio da mobilização, produto da conscientização e da politização da comunidade, envolvendo um maior controle das finanças e da ética pública por intermédio de *ações populares*. Apesar da mobilização da década de 1980, segundo o autor, a atual Constituição prevê mecanismos limitados de participação. Essa limitação pode ser verificada no acesso aos meios de comunicação de massa. A Constituição brasileira consagra o direito à informação e garante a livre manifestação de pensamento; no entanto, tirando o direito de resposta, ela é omissa no que diz respeito à disponibilidade da imprensa, rádio ou TV ao cidadão comum. Comparato destaca que o "direito de antena" (previsto nas constituições portuguesa e espanhola) expande essa nova dimensão da cidadania, pois garante a entidades representativas da sociedade civil (fora dos partidos políticos) o direito à manifestação junto aos meios de comunicação de massa.

Segundo Dermeval Saviani (1997, p.229), esse movimento pedagógico crítico e progressista – do qual ele próprio fez parte – assistiu à frustração de suas esperanças ante a "ofensiva neoconservadora que logrou tornar-se hegemônica a partir de 1990". O discurso pedagógico passa a associar cidadania à competitividade, colocando a escola como o elemento decisivo para a inserção do jovem na sociedade. Essa vinculação não se deve à questão da "consciência política", mas à estrutura econômica advinda da terceira revolução industrial baseada nos avanços da microeletrônica e da informática, com radicais inovações no perfil da mão-de-obra e da estrutura ocupacional. A oferta de empregos diminui e o mercado de trabalho tende a absorver apenas o profissional polivalente, cooperativo e capaz de adaptar-se rapidamente às mudanças. A escola deve combater a exclusão social formando os profissionais que o mercado requer; portanto, a cidadania assume uma conotação econômica de empregabilidade, perdendo a coloração ideológica característica dos anos 80.

Na década de 1990, ganham espaço atividades específicas que visam ao desenvolvimento da educação moral. A História não está mais no centro do debate; no Ensino Médio, os Parâmetros Curriculares Nacionais fundem a disciplina nas demais ciências humanas, desvalorizando a especificidade da área de conhecimento.[12] Seguindo uma tendência internacional, o Brasil parece receptivo à criação de novas disciplinas que, com metodologia e referencial específico, façam a educação em valores. Portugal, por exemplo, num projeto pedagógico experimental, criou a disciplina "Educação Sexual e dos Afetos" que integrou, nos anos de 1995-1996, os planos de estudo de cinco escolas de ensino básico e secundário (Alferes, 1996). Ou seja, sob a influência do debate internacional, a questão da cidada-

---

12 Para os PCNs, o professor deve assumir a responsabilidade de solucionar as questões diárias e, para conseguir a formação integral do aluno, deve abraçar o trabalho inter e transdisciplinar, se necessário for, abrindo mão daquilo que considera a especificidade de sua disciplina. As tradicionais disciplinas passam a compor três áreas: 1. Linguagens, Códigos e suas Tecnologias; 2. Ciências da Natureza, Matemática e suas Tecnologias; 3. Ciências Humanas e suas Tecnologias.

nia perdeu muito da coloração político/ideológica e não tem mais como alvo principal o professor de História, que parece se manter fortemente ligado às formulações da década passada.

Rose Neubauer Silva (1996, p.72) destaca que a escola competente deve ser definida como aquela que prepara o aluno para participar produtivamente da nova sociedade, desenvolvendo habilidades (e não trabalhando conteúdos) num horizonte ético:

> Os códigos da modernidade dizem respeito à aprendizagem de algumas competências e habilidades básicas:
> - competência de leitura e de escrita, em analisar textos, tirar conclusões e traduzir idéias num discurso lógico;
> - competência em cálculo matemático e na resolução de problemas, em diferentes áreas;
> - capacidade de descrever, analisar e criticar o entorno social, organizando e articulando interesses coletivos;
> - capacidade de recepção crítica dos meios de comunicação de massa;
> - capacidade para trabalhar e decidir em grupo;
> - capacidade para acessar e utilizar informação, navegando pelo saber acumulado, que assume as proporções de um oceano.
>
> Os princípios de convivência democrática podem ser assim resumidos:
> - reconhecer que a ordem social não é dada, mas sim construída pelos homens e, portanto, passível de mudanças;
> - aprender a não agredir o outro;
> - aprender a comunicar-se e a interagir;
> - aprender a decidir em grupo;
> - aprender a cuidar-se;
> - aprender a cuidar do entorno;
> - aprender a valorizar o saber social.

Como se pode observar, exige-se da escola o desenvolvimento de competências intelectuais e condutas éticas que remetem mais ao bom convívio em coletividade que à luta contra desigualdades. O posicionamento inconformista, característico dos debates educacionais nos anos 80, perde vigor, e, em vez da oposição a uma realidade excludente, esperam-se do aluno o equilíbrio emocional, a interação e a vitória em um mercado de trabalho competitivo. Os professores, no entanto, demonstram pouca empatia com essa discussão, como se pode observar nas respostas da questão 29 do questionário aplicado (Quadro 6).

Quadro 6 – Questão 29: Você faz a educação em valores, ou seja, ajuda a formar o cidadão com atividades que visam a esse fim específico? Com que freqüência?

Prudente (32)	Assis (30)	São Paulo (10)
Não respondeu: 10	Diariamente: 6	Sim, bimestralmente: 2
Todas as aulas: 4	Sempre que necessário: 5	Toda aula, com conteúdo ou com comentários: 2
Sempre: 4	Sempre: 4	Ao longo do ano: 1
Sempre que posso: 4	Não respondeu: 3	Sempre: 1
Sempre que necessário: 3	Constantemente: 3	Não trabalho com objetivos diversos: 1
100% das aulas: 2	Semanalmente: 1	Toda semana: 1
Maior parte do tempo: 2	Não, pois formo o cidadão crítico: 1	Freqüentemente: 1
1 vez por semestre: 1	Chamando a atenção para os problemas individuais e coletivos: 1	Não respondeu: 1
70% das aulas: 1	Refletindo sobre o que se estudou: 1	
Com leituras críticas: 1	Submissão às leis divinas, amor ao próximo, livre-arbítrio: 1	
	Fazendo o aluno pensar: 1	
	Dialogando: 1	
	Interdisciplinaridade: 1	
	Transmitindo a importância da educação: 1	

Entre as trinta perguntas do questionário, essa foi a que teve maior número de abstenções, sugerindo pouca familiaridade com a questão e/ou desconcerto. Embora não se perguntasse como faziam a educação em valores, alguns responderam de forma interessante: em Presidente Prudente, um professor afirmou que prefere leituras críticas – como se a educação em valores não implicasse criticidade; em Assis, alguns se remeteram a uma relação mais pessoal com os alunos (submissão às leis divinas, amor ao próximo, livre-arbítrio; diálogo; transmissão da importância da educação). Em ambas as cidades, não se observaram referências aos temas transversais propostos nos PCNs. O desconcerto parece relacionar-se à necessidade de afirmar o caráter crítico e emancipatório do ensino de História.

Os PCNs, seguindo uma tendência internacional, incorporam, de maneira sistemática, a ética ao currículo. O documento surge nos anos 90 a partir do Plano Decenal de Educação para Todos (1993-2003) estabelecido pelo governo com o objetivo de recuperar a qualidade do ensino, num processo de aprimoramento contínuo. Uma das tarefas desse plano foi a elaboração dos Parâmetros Curriculares Nacionais que atendem à atual Lei de Diretrizes e Bases da Educação Nacional (Lei Federal n. 9.394, de 20.12.1996) e à Constituição Brasileira. O documento elaborado em 1997-1998 pelo Ministério da Educação e Cultura (MEC) regulamenta os conteúdos mínimos a serem trabalhados em todo o território nacional, nas escolas de Ensino Fundamental e Médio, e apresenta uma mudança de enfoque em relação aos conteúdos curriculares, sua organização e função:

> ao invés de um ensino em que o conteúdo seja visto como um fim em si mesmo, o que se propõe é um ensino em que o conteúdo seja visto como meio para que os alunos desenvolvam as capacidades que lhes permitam produzir e usufruir os bens culturais, sociais e econômicos. (Brasil, 1998, p.73)

O documento apresenta reflexões e sugestões de práticas pedagógicas que orientam o desenvolvimento de conceitos, habilidades e atitudes favoráveis à compreensão da realidade, proporcionando a participação dos alunos nas relações sociais, políticas e culturais diversificadas e amplas, condições entendidas como fundamentais para o exercício da cidadania. Desse modo, a noção de conteúdo escolar apresentado ultrapassa a construção de conceitos, incluindo procedimentos, valores, normas e atitudes, remetendo à escola a responsabilidade da ampla formação do aluno. Cabe ao professor desenvolver, além dos conteúdos conceituais (construir com o aluno conceitos referentes à disciplina estudada), conteúdos procedimentais (capacidade de relacionar e dar significado aos conceitos) e atitudinais que se referem à postura do aluno perante o conhecimento, o professor, os colegas e a sociedade como um todo. Os conteúdos atitudinais não são específicos de disciplina alguma; ao contrário, perpassam todas elas e são denominados temas transversais nos PCNs. Esse projeto educativo, que incorpora a formação moral e ética dos alunos, apresenta sete temas transversais: ética, pluralidade cultural, saúde, orientação sexual, meio ambiente, trabalho e consumo.

Entre os professores pesquisados, nenhum questiona a noção de que cabe à escola fomentar o respeito mútuo, a solidariedade, o senso de justiça e a capacidade de diálogo; no entanto, a maioria parece ter dúvidas quanto à viabilidade da proposta. Edson indagou: "Falar em pluralidade cultural na escola é suficiente para eliminar os preconceitos étnicos?". Todavia, todos parecem vislumbrar uma contribuição da disciplina para a formação política dos alunos. O caráter ideológico das propostas anteriores impede que eles compreendam o significado da educação em valores.

Bruxarrais (1997) destaca que educar em valores significa encontrar espaços de reflexão tanto individual como coletiva, para que o aluno seja capaz de elaborar de forma racional e autônoma os princípios de valor que irão permiti-lo enfrentar criticamente a realidade. Embora admita que é *impossível educar sem valores*, defende uma intencionalidade que se baseia na contribuição de Piaget, Kholberg e Habermas. Tais autores superam as concepções objetivistas e subjetivistas do valor que embaraçam muitos professores, principalmente os que tiveram melhor formação acadêmica.

Os egressos das universidades mais conceituadas tendem a achar que não existem valores universalmente válidos; a ética e a moralidade seriam baseadas em valores construídos e superados ao longo da História. Os atuais defensores da educação moral admitem que cada sociedade elabora seus próprios padrões de conduta (objeto de estudo da História das Mentalidades), mas reconhecem valores universais que devem guiar a conduta de todos os povos em qualquer época. Justiça, responsabilidade, tolerância e solidariedade seriam noções indispensáveis à organização social em qualquer tempo e espaço; para chegar a tais valores trans-históricos seriam necessários descentramento (superação do egocentrismo característico do comportamento infantil, segundo Piaget) e capacidade de relacionar os vários determinantes que envolvem qualquer situação de conflito, pois o julgamento moral deve ter em vista o bem-estar da coletividade e não ressentimentos individuais. Tais noções dificilmente seriam negadas pelos professores, no entanto estão ausentes do questionário e das entrevistas. O trabalho em sala de aula é pensado com base na necessidade de mobilização política.

Talvez se pudesse afirmar que a atual geração de professores foi marcada pelos debates dos anos 80 que dialogaram com os impasses da realidade política nacional, com relativa independência em relação às propostas internacionais. Lourdes Marcelino Machado (1998) demonstra que, naquele período, enquanto governos até certo ponto progressistas, sindicatos e professores mobilizam-se em torno do ideal da democratização do ensino, técnicos das agências financiadoras internacionais analisavam as propostas dos diferentes países para que os empréstimos fossem autorizados e os recursos efetivamente repassados. Alguns preceitos neoliberais já se colocavam com clareza junto a tais instituições, marcando um descompasso entre o ideal de escola no Estado de São Paulo (e de certo modo no Brasil) e os debates externos. O depoimento de Maria Ines Pestana sobre a implementação de um sistema de avaliação da educação básica demonstra que, nos últimos vinte anos, as políticas educacionais, de forma crescente, levaram em consideração as orientações das agências financiadoras externas: "A partir de então [década de 1980], o

Banco Mundial começou a condicionar seus empréstimos à organização de uma estrutura de avaliação".[13] Desse modo, foram elaborados no Brasil o Saeb, Saresp e ENC ("Provão"), a fim de mensurar habilidades e competências desenvolvidas pelos alunos ao final de cada ciclo de estudo e de avaliar a qualidade do sistema educacional. O Saeb foi eleito pelo Banco Mundial, seu patrocinador, como o melhor sistema de avaliação de ensino da América Latina.[14]

Nos anos 90, impõe-se a noção de que as tecnologias de informação dominam o mercado de trabalho, fazendo que a exclusão ou inserção no sistema econômico dependam muito da educação. A educação torna-se a menina dos olhos de políticos e economistas, pois, segundo análises recentes, o nível de escolarização tornou-se o calcanhar de Aquiles das economias latino-americanas. O americano Gary Becker, Prêmio Nobel de Economia, afirma que "educação é parte daquilo que nós, economistas, chamamos de capital humano" (apud Lahóz, 2000, p.174). Segundo ele, os países enriquecem porque combinam o uso de capital físico (máquinas, equipamentos, computadores etc.) com capital humano (pessoas com boa educação e treinamento): "Nas economias ricas, o capital físico é cada vez menos importante que o capital humano". Portanto, negligenciar a educação seria jogar fora o motor do desenvolvimento econômico;[15] preocupação que se coloca com toda força na América Latina, região que apresenta a distribuição de renda mais distorcida do mundo, geran-

---

13 "Avaliação permite cutucar pontos fracos das escolas". (*Nova Escola*, maio 1997, p.14).

14 "Ensino posto à prova". (*Revista Educação*, out. 1998, p.21).

15 A valorização da educação para o futuro dos países não se pauta exclusivamente nas competências intelectuais. Os três primeiros países colocados do TINSS (a maior pesquisa que existe sobre educação que, iniciada em 1995 submeteu mais de quinhentos mil alunos de nove, treze e dezessete anos, de 45 países diferentes, a provas de matemática e ciências) de 1995 – Cingapura, 1° lugar; Coréia do Sul, 2° lugar e Japão, 3° lugar – têm sistemas educacionais demasiadamente rígidos e, por isso mesmo, desaconselhados como modelo. O número especial da *Revista Educação*, dedicado à divulgação dos resultados do IV Congresso Mundial de Educação, realizado em Caracas em outubro de 1997, destaca que, embora observadores ocidentais costumem elogiar o ensino nipônico e o nível in-

do um círculo vicioso de pobreza e exclusão. Embora os índices de alfabetização tenham melhorado nos últimos anos – hoje 85% das crianças latino-americanas freqüentam a escola (O BID, 1996, p.1) –, diversos autores afirmam que a educação é atualmente o ponto de estrangulamento de nossas economias, o que tem levado à intensa divulgação dos traços negativos da educação básica.[16]

---

telectual das suas crianças – um dos mais altos do mundo –, os japoneses criticam a excessiva austeridade, disciplina e competitividade das escolas. O professor, muito respeitado, é chamado de *sensei* (tratamento que se dá a pessoas de elevado prestígio) e se esforça para aprovar seus alunos nas faculdades de maior prestígio. As reformas atuais buscam minimizar o peso do vestibular nos currículos e tendem a considerar os EUA como exemplo de país que consegue integrar ensino formal e desenvolvimento da individualidade. As reformas educacionais na Coréia do Sul parecem seguir mais ou menos a mesma linha.

Na ex-colônia japonesa, os bons resultados escolares são, desde longa data, questão de honra para as famílias e para os próprios jovens. Tendo hoje uma população ativa altamente capacitada e um dos menores índices de analfabetismo do mundo – conquista das últimas três décadas que alavancou um formidável avanço econômico capaz de transformar uma sociedade agrícola pobre em uma potência financeira –, as últimas reformas buscam incentivar a criatividade dos alunos no ensino de primeiro grau.

Do mesmo modo que Japão e Coréia do Sul, Cingapura – cidade-Estado localizada no maior arquipélago ao sul da península da Malásia – apresenta uma economia próspera, resistindo às crises recentes. O país destacou-se no pós-Segunda Guerra Mundial tendo por base os serviços bancários e a indústria de alta tecnologia, sem perder os traços da antiga cultura asiática. Zhou Nanzhau (1999) destaca que o profundo apreço pela educação, as elevadas expectativas a que os jovens devem responder, a primazia do grupo sobre o indivíduo, a importância dada à dimensão espiritual do desenvolvimento, o respeito à autoridade são algumas das características da cultura oriental que favorecem o desenvolvimento da educação e da economia do Oriente. No entanto, diz o autor, cabe à educação renovar essa tradição cultural, inculcando novos valores, sem os quais o desenvolvimento humano e econômico ficam entravados.

16 Segundo Bomeny & Feital (1998, p.40-1), seriam estas as características deficitárias: expansão do sistema educacional desacompanhado de melhoria na qualidade de ensino (repetência e aprendizagem deficitária); descaso com a preparação do corpo docente e desvalorização profissional; baixa qualidade do material didático, envelhecimento dos currículos e inadequação das metodologias; falta de instrumental de avaliação; centralização burocrática e desvio de recursos; falta de participação da comunidade.

Conforme destaca Sérgio Martinic (1998, p.159-60), não é a primeira vez que a educação assume importância estratégica na América Latina. Ela já constituiu peça central na formação do Estado-nação ao assegurar a unidade lingüística e cultural da população, assim como garantiu a expansão industrial no século XX, qualificando a força de trabalho e formando as classes médias. Os professores não discordam da necessidade de formar cidadãos, profissionais competentes e éticos, no entanto ficam reticentes ante o "orquestramento externo". Silvio, Edson e Alexandre desconfiam da orientação neoliberal dos atuais governos e proclamam a necessidade de uma resistência organizada da sociedade civil; para os professores entrevistados, deve-se lutar para que os governos estabeleçam mecanismos eficientes de inserção social. Apesar do posicionamento crítico em relação ao neoliberalismo e da pouca atenção aos temas transversais, os PCNs de História são vistos como uma referência válida para as suas aulas.

É importante destacar que o documento valoriza a capacidade de análise crítica e, de certa forma, retoma referenciais teóricos e bibliográficos da Proposta da Cenp. Desse modo, estabelece uma continuidade com a década anterior para impor aos professores do Ensino Fundamental e Médio leituras e discussões das pesquisas históricas e pedagógicas de ponta. Sem uma sólida formação universitária, fica difícil a simples leitura dos documentos. Portanto, são descartadas sugestões do Banco Mundial – que deixam educadores e pedagogos indignados – de fortalecer, na formação do futuro professor em países pobres como o Brasil, os conhecimentos gerais adquiridos no nível médio, em prejuízo dos estudos superiores. Rosa María Torres (1988) destaca que, para o Banco Mundial, "o melhor e mais seguro investimento para a formação docente" é um bom ensino secundário, pois "constata-se empiricamente que os professores tendem mais a se comportar em sala de aula de acordo com o que observaram e experimentaram como alunos". No entanto, "frente a um equipamento escolar deficiente, tanto a formação inicial quanto a capacitação em serviço têm função apenas compensatória e paliativa".

116 EMERY MARQUES GUSMÃO

Reconhecendo a importância do conhecimento geral no desempenho do professor e o baixo custo do ensino secundário (entre 7 e 25 vezes mais barato que a formação inicial), a atual proposta do Banco Mundial para formação de professores prevê um ensino secundário de boa qualidade, complementado por uma curta formação pedagógica. No processo de contratação, seriam adotados critérios semelhantes aos utilizados para a seleção de professores universitários (Torres, 1998, p.165). Há unanimidade, entre os professores entrevistados, na valorização da sólida formação universitária que familiarizaria o futuro professor com as discussões historiográficas e teóricas. O conhecimento detalhado dos fatos históricos e a chamada "formação geral" são vistos como competências menores, facilmente adquiridas mediante a leitura de livros didáticos e enciclopédias. A pós-graduação, a atualização, e o constante acompanhamento dos lançamentos do mercado editorial seriam obrigações dos professores, ainda que – todos reconhecem – poucos as cumpram. Tais imperativos não se devem à busca da erudição, mas à necessidade de atender a clientela, composta pelas camadas mais baixas da sociedade. Mais da metade dos professores afirmou trabalhar com crianças carentes (Quadro 7).

Quadro 7 – Questão 19: Tem trabalhado principalmente com alunos

	Prudente (32)	Assis (30)	São Paulo (10)
Carentes	21	22	6
Que presenciam cotidianamente a violência	10	17	5
Pobres, mas com famílias estruturadas	10	9	4
De classes médias	10	12	0
De classes altas	3	1	0
Que exigem constantes inovações no trabalho pedagógico	11	15	6
Que exigem a ruptura com o ensino tradicional	11	8	2

MEMÓRIAS DE QUEM ENSINA HISTÓRIA **117**

Lamentar a queda do "nível dos alunos", rejeitar os filhos das classes trabalhadoras parece ser uma fala datada dos anos 70. Atualmente, o professor define a sua identidade profissional pelo compromisso com as camadas mais baixas da população e afirma a necessidade de atualização para atendê-los, para problematizar a realidade deles em sala e promover o engajamento na busca de soluções para os problemas sociais. Os professores mostram-se extremamente inovadores e predispostos a um trabalho árduo: uma ampla bagagem de leituras deve servir à conscientização política. Um projeto polêmico e de difícil aplicação, visto que o professor não dispõe de mecanismos seguros para afirmar o sucesso ou o fracasso do trabalho.

É relativamente simples medir a quantidade de fatos históricos memorizados pelos alunos; parece mais complicado afirmar, com segurança, a importância das aulas de História, ou de qualquer outra disciplina, para alterar comportamentos, convicções ou desenvolver habilidades. Os mais seguros mecanismos parecem ser derivados dos sistemas institucionais de avaliação, o Saeb, o Saresp e o ENC que se dispõem a mensurar habilidades e competências desenvolvidas pelos alunos ao final de cada ciclo de estudo.[17] O objetivo da prova, segundo o depoimento de Maria Helena de Castro, do Inep, transcrito no mesmo artigo da *Folha de S. Paulo*, não é a assimilação de informações cobradas no vestibular, mas o estímulo à capacidade de resolver problemas cotidianos, interpretar textos e associar conteúdos. Os professores, no entanto, tendem a enxergar nos sistemas de avaliação mecanismos de controle do seu próprio trabalho e não um auxílio.

---

17 O fato que mais evidencia a veracidade dessa afirmação é a reprovação nos exames vestibulares de um dos primeiros colocados no Exame Nacional do Ensino Médio (Enen), de 1999. O estudante Edson Roberto Didoné Júnior, de dezoito anos, tirou nota cem na prova de conhecimentos gerais e 95 na redação do Enen, em 1999; no ano anterior, tirou zero na prova de física da Fuvest e dois em matemática, quando tentou o vestibular para ciência da computação na USP e na Unicamp: "Tomei o maior couro e não passei na segunda fase em nenhum dos dois vestibulares", afirmou. (*Folha de S. Paulo*, 15 dez. 1999, Cotidiano. p.3).

Ainda que os testes centrem-se em habilidades (valorizando pouco a memorização de informações), a média nacional não é alta e tende a ser ainda menor nos últimos anos de escolarização. Os alunos da Região Centro-Oeste apresentam os melhores desempenhos: a média nacional varia entre 30 e 60 e São Paulo mantém-se à frente da baixa média brasileira (oscilando entre 40 e 60, dependendo da região e da disciplina). Em termos de conteúdo, o Inep afirma, com base no Saeb de 1995, que apenas 3,7% dos alunos da última série do secundário dominam o currículo e matemática e 1%, o de português[18] – um índice baixíssimo. Tais dados levantam dúvidas quanto à eficácia do ensino vigente.

Também os professores, mesmo se autodefinindo como modernos e inovadores, parecem insatisfeitos com o próprio trabalho e evitam adjetivos que remetam à qualidade do trabalho, como as palavras bom/mau, ótimo/razoável. Na avaliação de si mesmos, predomina a idéia do máximo esforço (critério subjetivo) ou do comprometimento acima da média, bastante destacado em Assis e São Paulo (Quadro 8).

Quadro 8 – Questão 21: Como professor, você se considera

	Prudente (32)	Assis (30)	São Paulo (10)
Que dá o melhor de si no trabalho	25	19	10
Bom	12	8	3
Adaptado às circunstâncias, pois é impossível ser bom professor nos dias de hoje	5	7	1
Comprometido acima da média	3	9	4
Ótimo	1	2	0
Razoável	1	2	1
Mau	0	0	0

18 "O filho do meio" (*Revista Educação*, nov. 1998, p.24).

A única certeza desses mestres parece ser de natureza ideológica, a convicção de que se esforçam por romper com o passado para fornecer uma formação "crítica" a seus alunos. É muito sintomático que a inovação, por si só, tenha o seu valor para mais da metade dos atuais professores (Quadro 9).

Quadro 9 – Questão 26: O que é pior: tentar uma nova pedagogia com o risco de obter resultados ainda piores do que se está acostumado ou manter-se fiel ao tradicional? Justifique.

	Prudente (32)	Assis (30)	São Paulo (10)
Inovar é pior	5	6	0
	• O que acontece hoje: 2 • Em educação não se pode errar: 1 • Falta de fundamento teórico: 1 • Não justificou: 1	• Não justificaram: 5 • O fracasso é um risco: 1	
A tradição é pior	17	20	10
	• Não evoluir/reciclar: 7 • Não justificou: 4 • Preferível arrepender-se do que fez a não fazer: 3 • Velha pedagogia: 1 •Observar erros e acertos: 1 • Sempre dá bons resultados: 1	• Não justificaram: 6 • Mudanças são necessárias: 1 • Devemos estar sempre à procura do novo: 1 • O mundo mudou e a escola também deve mudar (só não sei como): 1 • O professor deve acompanhar a evolução: 1 • Aperfeiçoamento exige mudanças: 1 • Não se pode acomodar: 1 • A busca sempre nos dá algo precioso: 1 • Quem não arrisca não petisca: 1 • Pior arrepender-se do que não fez: 1	• A tradição não atende às necessidades dos alunos: 1 • Quem não tenta não conhece novos resultados: 4 • Novas pedagogias tentam corrigir os possíveis erros: 1 • Tradição não nos abre ao novo: 1 • O novo é primordial, independentemente dos resultados (a experiência ensina): 1

Continuação

	Prudente (32)	Assis (30)	São Paulo (10)
		• É comodismo persistir no erro: 1 • Para vencer, é preciso ousar: 1 • Não se pode ter medo de errar: 1 • Já sabemos os resultados da tradição: 1 • Hoje, o professor deve usar tudo que tem à mão para chegar ao aluno: 1	• Temos que renovar sempre: 1 • Não justificou: 1
Deve-se buscar um meio-termo	2	3	0
		• Deve-se inovar quando sentir necessidade: 1 • O pior é não motivar o aluno: 1 • Deve-se conciliar tradição e modernidade: 1	
Não responderam	8	1	0

Para tais professores, o importante é romper... Para outros, o vanguardismo desencadeou uma crise, sem precedentes, no sistema educacional brasileiro.

O mal-estar docente

Apesar dos altos e nobres ideais abraçados pelos atuais professores da rede oficial de ensino (preocupação em formar o cidadão crítico e desenvolver a consciência política), pelo menos 35% dos que responderam ao questionário gostariam de mudar de profissão e 10 ou 20% dentre eles acham impossível ser um bom professor nos dias[19] de hoje (Quadro 10):

---

19 Conferir Quadro 8, na página 118.

Quadro 10 – Questão 6: Gostaria de mudar de profissão?

	Prudente (32)	Assis (30)	São Paulo (10)
Sim, vou fazê-lo	2	1	0
Não, pois	Gosto do que faço: 3 Não justificaram: 16 Total: 19	Gosto do que faço: 3 Não justificaram: 9 Total: 12	Gosto do que faço: 1 Não justificaram: 5 Total: 6
Gostaria, mas não tenho encontrado oportunidade	2	5	0
Gostaria de continuar trabalhando com educação, mas fora da sala de aula	7	9	4
Não responderam	2	3	0

Num contraponto com as gerações anteriores, pode-se afirmar o desencantamento de professores verbalmente predispostos a um trabalho árduo, a formação do cidadão crítico e consciente. Queixam-se dos salários, do estresse e da dificuldade de manter a motivação. Os "bons mestres entrevistados" afirmam os mesmos ideais, conceitos pedagógicos e dificuldades apontados pelos demais atuantes na rede pública. Todos eles têm planos de abandonar as salas de aula do Ensino Fundamental e Médio: Silvio, com doutorado completo, pretende lecionar em universidades, Alexandre tornou-se diretor de escola e Edson dedica mais tempo ao trabalho de assessoria à prefeitura que ao ensino.

O viés político de esquerda e a empatia com as classes populares; a preocupação de formar o cidadão crítico e consciente dos seus direitos; o apreço à inovação, à experimentação e ao discurso pedagógico; a luta por melhores condições de trabalho (que, de certo modo, identifica-se com a defesa da escola pública gratuita); a depreciação da aula expositiva, do livro didático, dos fatos históricos e da memorização são elementos constantes nas falas e apontam uma homogeneidade maior que o esperado. Professores que cursaram Estudos Sociais ou História, que trabalham no interior do Estado de São Paulo ou na capital, bem ou malvistos pelos alunos, partilham das mesmas idéias. Esse dado levou a suposições: assim como a mítica do bom professor não desnuda as reais condições de trabalho e perfil dos professores na "fase de ouro da escola pública", o engajamento dos atuais professores também pode encerrar uma imagem historicamente construída – quiçá complementar à difundida noção de decadência da escola pública.

Independentemente dos perfis do professorado nos últimos quarenta anos, há uma indiscutível mudança nas escolas de um modo geral: a democratização. Anteriormente, o mestre ensinava o conteúdo da sua disciplina, transmitia informações, e alguns poucos jovens memorizavam, comparavam, analisavam os dados apresentados e, conseqüentemente, aprendiam. Como destaca o próprio Piaget (1973, p.30), tradicionalmente a lógica era considerada uma habilidade inata no indivíduo, pertencente à natureza humana. No século XX, pesquisas sobre o pensamento verbal da criança, sobre a sua inteligência prática e sobre as operações concretas, entre outras, evidenciaram que o raciocínio, o pensamento lógico, as noções de espaço, tempo, movimento, velocidade... são construídos num conjunto de relações sociais; portanto, cabe à escola desenvolver as habilidades intelectuais necessárias ao aprendizado dos conteúdos e à solução de problemas da vida cotidiana.

A escola "tradicional" era seletiva porque somente avançavam nos estudos os alunos que, por si, desenvolviam as "competências" necessárias ao aprendizado. A divulgação das idéias pedagógicas e a sua inserção junto a governos mais ou menos democráticos colocaram para as escolas a tarefa de forjá-las com vistas à práxis e não à erudição. Até mesmo o comportamento ético e o engajamento político tornaram-se objetivos do ensino renovado: a partir de diversos referenciais teóricos, afirma-se a necessidade de a escola abandonar o projeto de transmitir/impor normas e informações para abraçar a pesquisa criadora cuja execução proporcionaria aos alunos experiências democráticas, oportunidades de gerenciar conflitos e de elaborar seus próprios valores. Lançamos a hipótese de que os atuais professores de História recusam o autoritarismo e a moral convencional, mas pouco avançam para promover a "educação libertária", pela falta de vivência democrática e da imprescindível capacidade dialógica. Ou seja, abraçam um ideal cuja execução demanda habilidades que, segundo Piaget (1973),[20] a maioria dos homens não tem na civilização atual.

Em contrapartida, o inconformismo perpassa a visão de mundo dos atuais professores e reflete-se na avaliação do magistério. Nem todos são malformados, descompromissados, e, em vista da crise financeira do país, o salário pago pela rede pública em São Paulo também não é absurdo. Os entrevistados da "terceira geração" encontraram na docência um veículo de ascensão social, mas remeteram-se às experiências mais sofridas para caracterizá-la. O discurso pedagógico dos anos 80 parece fornecer os referenciais a partir dos quais a maior parte dos professores explica positivamente seu trabalho, no entanto ele parece incapaz de motivá-los. A recusa à moral convencional, à submissão às normas previamente definidas cria uma empatia com a escola democrática, mas, na prática, a reestruturação do ensino dissemina um sentimento generalizado de indignação. Embora vislumbrem, do ponto de vista teórico, um universo rico e promissor (a formação do cidadão crítico e participativo), parecem pouco hábeis para relacionar teoria e prática e para avaliar seus próprios trabalhos. Desse modo, lamentam a perda da autoridade do professor e a "diluição dos conteúdos" em favor das "competências". Contraditoriamente, a escola antiga e conteudista permanece como referência para afirmar a qualidade do ensino.

---

20 Segundo Piaget (1973, p.32), "personalidades verdadeiramente lógicas e donas do seu pensamento são tão raras quanto homens verdadeiramente morais".

Poucos recusam o "chavão" da "consciência crítica" e da "cidadania", e, de certo modo, suas vozes pessimistas parecem entoar sentimentos disseminados entre os pares e não-assumidos. Como já foi destacado, os atuais professores de História da rede pública afirmam buscar a inovação pedagógica com a mesma intensidade que pedagogos, e supervisores de ensino queixam-se de sua resistência ao novo. A maioria dos docentes afirmou buscar constantes inovações e a metade deles acredita na contribuição da pedagogia (Quadros 11 e 12).

Quadro 11 – Questão 8: Você busca sempre renovar sua prática pedagógica?

	Prudente (32)	Assis (30)	São Paulo (10)
Sim	31	30	10
Sim e não	1	0	0
Não	0	0	0

Quadro 12 – Questão 27: A pedagogia tem uma contribuição

	Prudente (32)	Assis (30)	São Paulo (10)
Muito teórica e não se aplica à prática	5	3	1
Capaz de melhorar o trabalho de qualquer professor	17	16	6
Capaz de melhorar o trabalho de alguns professores	9	11	3
Desconhecida por mim	0	0	0
Que não me interessa	1	0	0

Dentre os pesquisados, apenas uma única professora da E. E. "Marieta Ferraz de Assunção", em Presidente Prudente, vacilou ante o imperativo da constante mudança. Assinalou *sim e não* na questão

MEMÓRIAS DE QUEM ENSINA HISTÓRIA   125

8 e pareceu fazê-lo com convicção, pois afirmou que não se enquadra nas categorias tradicional/moderno e duvidou da contribuição da teoria pedagógica à prática em sala de aula. Na questão 27, assinalou a opção que afirmava: "a Pedagogia tem uma contribuição muito teórica que não se aplica à prática". Quando lhe foi perguntado se é pior manter-se fiel ao tradicional ou tentar uma nova pedagogia, com os riscos de obter resultados ainda piores do que se está acostumado (questão 26), ela respondeu: "Sinceramente, não sei. O que sei é que os *resultados de 1982 para cá são horríveis"* (grifo da autora).

A data não parece aleatória, marca o período final da ditadura militar e todo um esforço de *democratizar* a escola, superando a herança de 21 anos de autoritarismo: o ciclo básico que pretendia ampliar o tempo de permanência das crianças na escola; a escola padrão, uma tentativa de criação de centros de excelência na rede; o retorno do ensino específico da História e da Geografia na 5ª e 6ª séries do antigo primeiro grau e a proposta de uma completa reorganização curricular (apresentada em 1986, último ano do governo Montoro) são exemplos de iniciativas que marcaram profundamente o imaginário docente, contribuíram para reduzir o índice de retenção nas escolas e alterar currículos e conteúdos trabalhados nas escolas. Aos olhos dos pedagogos e no discurso publicamente assumido pela maior parte dos professores, tais iniciativas representaram avanços para fortalecer a democracia na escola e no país. As poucas e ousadas vozes discordantes afirmam a decadência da escola pública no contraponto com um passado glorioso.

Com 45 anos de idade e próxima da aposentadoria, a única professora, entre os pesquisados, que recusou a renovação pedagógica e preferiu não se identificar, soma-se às vozes que associam inovação pedagógicas à queda da qualidade e ao "barateamento" do ensino. Os professores das gerações anteriores associam a "modernidade pedagógica" e o imperativo da mudança constante a um perverso projeto político que visa fazer que os alunos passem pela escola sem aprender nada, falseando os índices referentes ao nível de escolaridade no país. O "professor antigo", convicto da qualidade do trabalho que desenvolvia na "fase de ouro da escola pública", deprecia as teorias pedagógicas e a "democratização" do ensino. Esse não é o caso de quase todos os atuais professores que iniciaram sua carreira após 1975, vivenciaram inúmeras greves e se acostumaram com a "nova clientela" que tanto chocava os anteriores.

Assim, como a professora prudentina que nega a necessidade de renovação constante, sete professores de Assis afirmaram a impossibilidade de ser bom professor nos dias de hoje e recusaram o rótulo "moderno": dois se autodefiniram como tradicionais; quatro não se identificaram com nenhum dos dois adjetivos e um não respondeu. Eles lamentam o "esvaziamento dos conteúdos" nas escolas, uma queixa que também aparece nas respostas dos professores "modernos".

O questionário demonstra que a maior parte dos professores desvaloriza a transmissão do conhecimento histórico em favor da cidadania e do desenvolvimento de habilidades que envolvam leitura e escrita, seguindo as orientações gerais da didática histórica que descarta a noção de verdade. No entanto, alguns desses mesmos professores apontaram o "empobrecimento do conteúdo" como o mais gritante exemplo de injustiça a que é submetido o cidadão brasileiro. Veja três exemplos de respostas que apareceram na questão 30 (Quadro 13).

Quadro 13 – Questão 30: O que você considera uma injustiça?

a) O que está sendo feito com a escola pública pelo Estado: desmotivando o aluno, deixando-o irresponsável e, a longo prazo, negando-lhe a capacidade de competir com os alunos da rede privada. Ele sai da escola sem saber História, Geografia, Matemática e não passa no vestibular nem nos concursos; nem está preparado para o mercado de trabalho.

b) Empobrecer o conteúdo por tratar-se de escola pública.

c) Aprovar o aluno pela freqüência e não pelos conhecimentos que ele possa ter. Vai ser pior para ele.

Os mestres, mesmo aderindo à "modernidade pedagógica", não se mostram satisfeitos com o trabalho desenvolvido e guardam o saudosismo, segundo o qual "escola boa é a de antigamente". Por esse viés, é possível entender outra contradição: o fato de um grande número de professores nominalmente "modernos" afirmar a qualidade da escola freqüentada na infância e na adolescência – embora ela fosse, segundo a caracterização deles mesmos, tradicional, rígida, autoritária e conteudista. Para muitos, *ser bom professor* não se identifica com *ser um professor moderno*, ainda que a necessidade de valorização profissional exija ambas as qualificações. Daí o nítido embaraço dos professores na avaliação do próprio trabalho.

No contato com os professores, observou-se a recusa da História Política e Econômica – conteúdos tradicionalmente priorizados. O caminho da inovação os leva a temáticas relevantes para o aluno; segundo Silvio, "aquela história ensinada a partir dos períodos, igual a gente faz na escola particular ... está desaparecendo da rede" em razão do desinteresse dos alunos e da pressão dos coordenadores, supervisores e diretores. "Imagina a briga com o coordenador e a reação das salas, não tem como. ... Tem gente que até adota o livro didático, mas vai pulando capítulos".

Os eixos temáticos impuseram-se nos anos 80 em São Paulo em substituição às cronologias e foram reafirmados pelos Parâmetros Curriculares Nacionais. Segundo os documentos que orientam o currículo de História no Ensino Fundamental e Médio, os temas da pesquisa em sala de aula permitiriam uma aproximação do ensino com os conflitos vivenciados pela comunidade. Essa metodologia foi muito questionada nos anos 80, mas acabou impondo-se; 75% dos professores que responderam ao questionário no interior do Estado de São Paulo afirmaram guiar-se pela Proposta da Cenp (Quadro 14).

Quadro 14 – Questão 12: Assinale os materiais que mais usa no seu trabalho (exclua os que não servem de suporte para suas aulas)

	Prudente (32)	Assis (30)	São Paulo (10)
Proposta da Cenp para o ensino de História	24	23	4
PCN	18	17	5

Continuação

	Prudente (32)	Assis (30)	São Paulo (10)
Livros didáticos	28	23	8
Coletânea de documentos e de fontes primárias	11	18	7
Vídeos e músicas	22	29	9
Jornais e revistas	25	27	7
Paradidáticos	16	25	7
Produção historiográfica	7	6	2
Literatura pedagógica	7	6	3
Outros:	9	5	2 • 1 iconografia • 1 mapas históricos

Supõe-se que o menor índice de adesão à Proposta da Cenp na cidade de São Paulo deve-se à idade dos professores. Tendencialmente mais jovens, nem todos presenciaram, no magistério, os debates da década de 1980. Ainda assim é relativamente alta a adesão ao ensino temático (Quadro 15).

Quadro 15 – Questão 10: Você emprega no seu curso:

	Prudente (32)	Assis (30)	São Paulo (10)
Eixos temáticos	10	16	5
Eixos temáticos por considerar essa a melhor forma de ensinar História	18	11	2
Seqüência cronológica	8	1	2
Outros:	3	5	2

Apesar do sentimento generalizado de insatisfação com o trabalho realizado nas escolas públicas, há exemplos de experiências coerentes e bem-sucedidas desenvolvidas a partir de temas específicos.

Alexandre não identifica qualidade de ensino com o modelo tradicional de aula e, desse modo, relata com orgulho:

> Eu consigo entender esse jovem de periferia e os problemas da indisciplina e da violência na escola. A escola precisa discutir a violência característica das periferias, a corrupção, os policiais. É necessário enveredar por aí, estudar o mundo dos adolescentes que são nossos alunos e fazer paralelos com a realidade de outras sociedades. Vamos resgatar na História o tratamento reservado a escravos e delinqüentes.
>
> Eu li a proposta da Cenp em 1985, quando ainda era aluno da UNESP. No último ano de faculdade, consegui umas aulas na rede estadual de ensino e propus um trabalho, acho que foi na 8ª série, com história em quadrinhos. A história não tinha diálogo, mas era interessante: o personagem principal era um operário, um boêmio, que toma o café da manhã, sai cedo, pega a marmita e entra na fábrica que era vigiada. Aquela coisa de corporação, controle. Logo cedo ele tem uma crise, sobe no telhado e, cercado pelos guardas, decide atirar-se do alto do edifício. Não consegue, os guardas o capturam, fazem uma lobotomia e ele vira um cantor de *rock*. Nós discutimos isso, a rebeldia. A moçada adorou.
>
> Muitos daqueles alunos faziam e tocavam músicas; a gente discutiu a realidade deles. Na época, estava surgindo uma série de grupos de *rock* que todo o mundo ouvia, o Lobão, por exemplo. O *rock-n'-roll* pode ser resgatado como mecanismo de libertação ou repressão dentro do sistema capitalista. Os alunos acompanharam o processo, tempos depois você vê a preocupação das pessoas. A gente precisa levar o jovem à discussão.

Por meio das entrevistas, observou-se que a diferença entre o "bom professor moderno de História" e os demais é exatamente a coerência entre a prática e o discurso, a análise crítica do trabalho desenvolvido e da expectativa da clientela. A formação teórica e o conhecimento histórico aliam-se à perspicácia e à capacidade dialógica. Alexandre percebe claramente que o abandono do currículo unitário permite à escola aproximar-se dos conflitos do adolescente, abordando temas como rebeldia, violência e marginalização. A linguagem (história em quadrinhos), do mesmo modo, pretende estabelecer a ponte entre o mestre e aluno. Segundo o professor, na prática, nem sempre os novos recursos didáticos encaminham o estudo da História Política e Econômica (tradicionalmente, domínio do ensino da História) ou a leitura de textos históricos mais densos. Outros depoimentos confirmam que a pretendida aproximação da escola com a realidade do aluno leva os professores a experiências impensáveis na "fase de ouro" da escola pública, quando o professor entendia-se como um intelectual e enxergava uma "aura" na escola e na cultura. Edson dá outro exemplo que denota uma nova relação da escola com o conhecimento:

> Eu tinha acabado de entrar na faculdade quando comecei a lecionar na rede estadual. Conversei com a minha diretora e decidimos fazer um projeto para a 5ª série em cima da horta. Desta maneira, eu trabalharia a História e a Geografia integradas. Fiquei fascinado! A escola era rural e muitos alunos trabalhavam na lavoura. Então, os professores com disponibilidade foram até o trabalho deles para ver como era (risos). Aprendemos colher algodão, batata, lavar batata ... para sabermos o que seria importante para eles aprenderem. Então, a horta era o centro do trabalho. Em Geografia fazíamos análise do solo e os alunos levavam estas informações para os pais que tinham pequenas propriedades e perdiam produção por falta de técnica. Eu fiquei fascinado com aquilo. Continuei lecionando no Estado, entrei na Apeoesp e ... deixei meu emprego de viajante...
>
> Quando optei pelo magistério, fui em busca de orientações didáticas e encontrei aquele material divulgado em 1985 e 1986, época da proposta da Cenp. A Proposta estava latente na nossa cabeça. Passavam aulas na televisão e eu ajudava a direção da escola nessa parte. A Delegacia de Ensino me chamava para participar das discussões. Na Proposta da Cenp eu via o que poderia trabalhar com meus alunos. Foi se afirmando um novo modelo de ensino que me lembra muito a atual "educação para a vida".
>
> Nesse momento, passo a ser representante de escola na Apeoesp, o que ajudou muito meu trabalho em sala de aula. O sindicato se envolveu muito na divulgação da Proposta da Cenp. Suria, da Apeoesp, dizia que devíamos estar muito preparados para discutir com nossos pares ... e cobrava esta postura da gente. A questão da Pedagogia moderna, a nova metodologia para dar aula dividia o professorado. Na época, o livro de Geografia do Melhem Adas, muito pesado, conteudista, era muito usado. A ele se opunham a geografia e a história críticas. Para alguns, o Melhem entra nesse contexto como moderno, mas o livro tinha

muito texto, muito conteúdo. Eu cheguei até a questionar quando peguei as aulas: "Como é que eu vou dar escalas geométricas para uma 5ª série, para crianças da zona rural semi-analfabetas?". Eu e a Maria Helena fizemos com os alunos algo bem simples: utilizando barbante, pedimos para que eles dobrassem o barbante uma, duas vezes e colassem no caderno. As pesquisas das minhas aulas se inspiravam no debate desencadeado pela Proposta da Cenp.

– *Isso foi mais marcante para você do que a faculdade?*

– Mil vezes... bem mais.

Os depoimentos sugerem que a Proposta da Cenp marcou profundamente os professores que iniciaram a carreira em fins dos anos 80, começo da seguinte. No entanto, ela não parece ser a única responsável pelos novos perfis do ensino; talvez fosse mais correto dizer que legitimou adequações necessárias perante a clientela. Com exceção de alguns, os professores orientam seus trabalhos renovadores mais pelas necessidades do dia-a-dia que pelos referenciais didáticos ou teóricos aos quais se remetem para explicar suas experiências. As inovações foram mais freqüentes que o entendimento profundo dos documentos da Secretaria da Educação, das teorias de vanguarda ou da Nova História. A ruptura epistemológica colocada pela Proposta da Cenp foi percebida por poucos – aqueles que tiveram melhor formação acadêmica.

O objetivo de desenvolver um ensino crítico motivava as equipes encarregadas das reformas curriculares em todos os Estados brasileiros nos anos 80, mas, no caso de São Paulo, observa-se que, a partir de 1986, quando Dea Fenelon e Marcos Silva passam a assessorar a equipe da Cenp, desenvolve-se a crítica ao "ensino crítico". Desencadeou-se um debate que colocava a insuficiência da substituição da história legitimadora dos privilégios das classes dominantes pela história das classes dominadas e negava a validade de se substituir uma interpretação consagrada por outra previamente dada. Foram postas em questão as noções de verdade e de seqüência cronológica, nas quais se pautaram gerações e gerações de professores. Ensinar história sem obedecer à seqüência dos fatos é um procedimento sem sentido para o senso comum; por isso, a Proposta da Cenp somente se faz compreensível ante o referencial teórico de vanguarda no qual se assentava – e que boa parte dos professores não compreendeu. Setenta e cinco por cento dos professores que responderam ao questionário desta pesquisa afirmaram guiar-se pela proposta, mas somente aqueles que tiveram melhor formação acadêmica descartam a noção de verdade (Quadro 16).

Quadro 16 – Questão 9: Você acredita que a História
coloca verdades a serem transmitidas?

	Prudente (32)	Assis (30)	São Paulo (10)
Sim	26	17	2
		• 10 formados UNESP Assis; 2 formados na Apec; 1 geografia UNESP Prudente; 1 Jaboticabal; 1 Dom Bosco; 1 Unimar • 15 empregam eixo temático; 1 cronologia; 1 não informou • 13 usam Cenp; 12 usam livro didático; 9 usam PCN	• ambos formados na Faculdade de Ciências e Letras Teresa Martin
Não	5	12	8
	• 3 formados na Apec; 1 formado em geografia na UNESP	• todos formados na UNESP de Assis (História) – todos empregam eixo temático • 9 usam a proposta Cenp • 8 usam o PCN	• 2 formados na USP • 2 formados na PUC/SP • 1 formado na FFCL Moema • 1 formado na FMU • 1 formado na Faculdade de Ciências e Letras Teresa Martin
Não respondeu	1	1	0
Outros:	3	5	2

MEMÓRIAS DE QUEM ENSINA HISTÓRIA   133

Compreendendo ou não o documento, os professores tendem a abandonar os períodos lineares, e, segundo os depoimentos orais, pouquíssimos ainda trabalham a história cronológica. A entrevista do professor Alexandre, de Presidente Prudente, sugere que o abandono da história seqüencial não trouxe necessariamente a pesquisa para o Ensino Fundamental e Médio: "Tem professor que passa o ano trabalhando um artigo de revista ou questões polêmicas (racismo, MST etc.) atuais pouco conectadas entre si, sem resgatar sua dimensão histórica". A ruptura com a cronologia sem o entendimento das discussões teóricas que embasaram a proposta, sem dúvida, causa mal-estar e fortalece a sensação de queda da qualidade do ensino.

Segundo Alexandre, na região, poucos dominam os conteúdos da disciplina: "Do pessoal que conheço, conto nos dedos das mãos quem sabe História, seja ela positivista ou a História Nova". Além de falhas na formação, observa-se entre os professores uma nítida desvalorização do conhecimento dos fatos históricos, identificado com o exercício inútil de memorização por meio de exercícios repetitivos. Para a maioria absoluta dos professores pesquisados que compõem a terceira geração, o desenvolvimento das habilidades de leitura, interpretação e escrita é mais importante que a memorização dos fatos históricos; a formação integral do cidadão sobrepõe-se ao conhecimento do passado.

Tais professores orgulham-se do vanguardismo, mas suas dificuldades são grandes. O mestre que realmente se dispõe a implementar o ensino temático deverá trabalhar com conteúdos variados (pois qualquer tema pode ser objeto do trabalho em sala de aula), e a relatividade do seu objetivo educacional (formar o cidadão, incentivar o hábito de leitura...) não permite afirmar com segurança o sucesso ou o fracasso. Descartada a eloqüência do passado, ele também não se projeta como uma personalidade pública admirada; subsidia a aprendizagem e, quase anônimo, nem sempre encontra mecanismos eficientes de automotivação. O trabalho desse professor é mais ousado e – diriam alguns – maior e mais nobre, no entanto o senso comum olha com estranheza esse modelo de ensino e desconfia da sua qualidade. A diluição dos conteúdos e a forte coloração ideológica são componentes do atual ensino de História e não podem ser compreendidos senão nos debates que afirmaram a crise do racionalismo e instituíram a criticidade nas escolas.

Um discurso sobre as ciências, de Boaventura Santos (1988), e *História do estruturalismo*, de François Dosse (1993), são textos complementares: enquanto o primeiro resgata a crise da noção de cientificidade a partir das reflexões elaboradas por pensadores ligados às ciências naturais, o outro realiza o mesmo trabalho percorrendo as ciências sociais. Juntos, compõem um painel de debates acerca da noção de verdade. Santos sustenta que "perdemos a confiança epistemológica" e, de maneira desconcertante, convivemos com o velho e o novo. O velho aparece associado à herança iluminista: insistimos em ver o mundo com os olhos da ciência, ainda que conscientes da inadequação de suas representações. Somos introduzidos no segundo milênio pelo questionamento das clássicas separações entre conhecimento verdadeiro e senso comum, homem e natureza. Também são postas em dúvida as regras metodológicas da ciência que fragmentam o mundo na expectativa de conhecer/dominar leis naturais e regularidades intrínsecas dos objetos do mundo físico ou social. No caso da História, a divisão em períodos lineares e sucessivos é denunciada como portadora de uma visão de mundo conservadora, segundo a qual "os de baixo", infalivelmente, são incapazes de uma ação política conseqüente. Esse fatalismo impõe-se quando são descartadas as múltiplas possibilidades que todo momento histórico contém.

Para Santos, o desenvolvimento da ciência levou à percepção de suas lacunas e/ou inadequações e acarretou uma crise do paradigma dominante: Einstein relativizou o rigor das leis de Newton no domínio da astrofísica, a mecânica quântica fê-lo do domínio da astrofísica; Heisemberg e Bohr demonstram que não é possível medir um objeto sem interferir nele; e Prigogine sustenta que certos sistemas funcionam nas margens da estabilidade, e evolução explica-se por flutuações de energia nunca inteiramente previsíveis. Assim, no domínio das ciências físicas, a lei da causalidade cederia lugar ao paradigma da *auto-organização*, marco importantíssimo da crise do

MEMÓRIAS DE QUEM ENSINA HISTÓRIA   135

paradigma dominante na medida em que suscitou a reflexão episte-mológica rica e diversificada acerca do conhecimento científico por parte dos próprios cientistas. Alguns deles consideram o mundo fí-sico e social como o produto de arranjos temporários nos quais os diferentes componentes, em constante mutação, encontram um equi-líbrio provisório.

No campo das humanidades, a crise da noção de cientificidade aparece associada à problematização da linguagem que se coloca a partir de Nietzsche – a quem se atribui a descoberta do caráter sim-bólico das palavras. Essa descoberta demora a se impor ao discurso intelectual e científico – que se pretende revelador das verdades do mundo físico e social –, ganhando relevo ao longo dos anos 50 e 60 no bojo dos questionamentos que o estruturalismo dirige às ciências humanas: Lacan indaga os preceitos psicanalíticos, afirmando a historicidade dos mesmos; Althusser coloca em destaque a ausência de um questionamento epistemológico mais consistente nos domí-nios da História; Foucault enfatiza o caráter arbitrário das divisões disciplinares, normalmente percebidas como naturais. Segundo François Dosse (1993), o período foi marcado pela pretensão da Fi-losofia, amparada na Lingüística, de absorver as demais ciências sociais;[21] desse modo, os intelectuais denunciavam aquilo que con-sideravam o "ponto fraco" das ciências sociais, a herança epistemo-lógica do século XIX que leva à busca de verdades ocultas nos obje-tos ou de leis da dinâmica social. Ainda segundo Dosse, as ciências humanas resistiram aos ataques estruturalistas incorporando seus pressupostos epistemológicos, ou seja, considerando que os objetos de estudo, as verdades e informações que pretende transmitir são construções simbólicas que se elaboram na e pela linguagem. Essa incorporação teria dado origem ao pós-estruturalismo.

Profundamente influenciado por Nietzsche, Foucault é um dos nomes centrais do pós-estruturalismo. Sua obra não apresenta uma

---

21 Em entrevista a François Dosse (1993), Greimas (autor de *Semântica estrutural*) afirma que o suicídio de Lacan pôs fim a projetos de se estabelecer uma junção da Antropologia com a Semântica e a Psicanálise.

teoria, mas um projeto de pesquisa que dá as costas ao Iluminismo (Veiga-Neto, 1995, p.18) para ampliar o conceito de racionalidade. Tendo se recusado a oferecer verdades objetivas, analisa como as práticas discursivas criam significados para as coisas; a esse trabalho, capaz de desmascarar as ciências humanas, ele chama de *genealogia*. Assim, busca apreender a manifestação do poder em práticas discursivas que nos atravessam e nos constituem como sujeitos e rompe com a Filosofia do sujeito: não cabe indagar se o conhecimento é objetivo ou subjetivo, pois, a seu ver, ele é constitutivo das subjetividades e das representações que tornam o mundo inteligível.

Na obra de Foucault, a escola aparece inserida nessa tecnologia de poder (ao lado das fábricas, prisões e manicômios) e contribui para sujeitar, submeter, disciplinar e controlar – à medida que luta contra o folclore e se encarrega de distribuir o conhecimento qualificado como científico, universal e verdadeiro. Junto com outros autores chamados de pós-estruturalistas, Foucault coloca em questão o caráter "emancipatório" (no sentido iluminista do termo) da escola e leva alguns pedagogos a proporem a construção de interpretações/verdades em sala de aula. Esse é o caso da Proposta de História que a Cenp elaborou na década de 1980.

Deve-se destacar, no entanto, que tal debate não se restringe ao ensino de História: analisando os projetos de educação popular que surgiram nos anos 60, Cristiano Giorgi (1977) identifica "rachas" e dissidências entre as propostas pedagógicas e afirma que as cisões permaneceram "disfarçadas" por motivos políticos, para dar coesão e força àquilo que ele chama de "paradigma da educação popular". O autor identifica dois grupos – os "racionalistas" (reunidos em torno de Paulo Freire) e os irracionalistas (de algum modo ligados à Igreja Católica) – que partiram dos mesmos pressupostos[22] para encaminhar modelos pedagógicos diferenciados. No pensamento ca-

---

22 Uma análise da sociedade que a divide em oprimidos/opressores e considera a educação, assim como os meios de comunicação de massa, instrumentos de dominação que visam manter a "consciência oprimida".

tólico, não há verdade a ser apresentada às classes populares, cabendo aos educadores criar condições para que elas elaborem teorias
capazes de explicar seu próprio mundo; entende-se que substituir a
cultura popular pela erudita é uma forma de repressão. Já a outra
vertente entende que o professor deve estabelecer um diálogo entre
as culturas erudita e popular, pois, nesse confronto, a verdade aca-
bará impondo-se. Nesse caso, a verdade identifica-se com a interpretação marxista da História. Portanto, há mais de três décadas as questões epistemológicas dividem os educadores.

Na didática histórica, esse debate chegou aos professores de ensino fundamental e médio, na década de 1980 com a Proposta da
Cenp, cuja metodologia se pautava no abandono dos períodos lineares e sucessivos. Foram sugeridos estudos que partissem da experiência do aluno, resgatando as origens desta com a ajuda da história
do cotidiano e enriquecendo, assim, sua visão de mundo. Portanto,
far-se-ia o movimento presente/passado/presente.

> Segundo E. P. Thompson, ao recuperar a experiência humana, ho-
> mens e mulheres retornam como sujeitos. Não no sentido de "sujeitos
> autônomos, indivíduos livres", e sim na qualidade de pessoas que vivem
> suas experiências dentro de determinadas relações, enquanto necessida-
> des/interesses/antagonismos; trabalham-nas em suas consciências e sua
> cultura de múltiplas formas, agindo sobre a situação histórica a partir
> dessas reflexões.
>
> A escola fundamental deve contribuir para a formação do aluno
> como sujeito de sua própria História, ou seja, como cidadão que se iden-
> tifica no processo social. No momento em que o conhecimento crítico
> da História atuar reversivamente sobre ele na forma de autoconhecimen-
> to, sua formação básica pode ser considerada satisfatória. (São Paulo,
> 1992, p.13)

No lugar dos livros didáticos e dos autores consagrados, a proposta coloca ao aluno a tarefa de elaborar interpretações pessoais
capazes de situá-lo no processo histórico e de justificar seus atos e posicionamentos políticos. O documento coloca na bibliografia o livro
em que E. P. Thompson (1981) polemiza com Louis Althusser. Para

o filósofo francês, toda representação expressa tão-somente uma visão subjetiva porque descarta "garantias" de uma identidade entre objeto "real" e sua representação conceitual, ou seja, afirma que não se pode saber com certeza se o conhecimento é verdadeiro ou não. Segundo Thompson, é necessário fugir às posições extremas representadas pela crença ingênua na objetividade do conhecimento científico, por um lado, e pelo relativismo absoluto, por outro. Para o historiador inglês, as representações e a realidade social se influenciam mutuamente e a experiência representa o ponto de contato entre as duas:

> Pois não podemos conceber nenhuma forma de ser social independentemente de seus conceitos e expectativas organizadoras, nem poderia o ser social reproduzir-se por um único dia sem o pensamento. O que queremos dizer é que ocorrem mudanças no ser social que dão origem à experiência modificada; e essa experiência é determinante, no sentido de que exerce pressões sobre a consciência social existente, propõe novas questões e proporciona grande parte do material sobre o qual se desenvolvem exercícios intelectuais mais elaborados. (ibidem, p.16)

Transposta essa noção para o Ensino Fundamental e Médio, a Cenp propõe a pesquisa como princípio de aprendizagem; o trabalho do professor seria colocar em contato os dois elementos que Althusser distancia: a experiência e a representação intelectual. A metodologia de ensino baseada na pesquisa compatibiliza-se com os referenciais teóricos de vanguarda (que diluem a noção de verdade) e viabiliza a adequação do currículo de História às diferentes realidades locais.

Ante tais referenciais teóricos, o modelo de ensino de História modifica-se radicalmente, sendo as inovações sentidas, em primeiro lugar, nas mais conceituadas universidades do país. Maria Silvia, por exemplo, sente-se incomodada com a desvalorização dos fatos históricos na UNESP de Assis, onde foi aluna de graduação, mestrado e doutorado. Segundo ela, nos anos 60, o curso preocupava-se com a iniciação científica e, nem por isso, desqualificava os conteúdos históricos; na sua opinião, o desempenho dos atuais professores do

Ensino Fundamental e Médio é prejudicado por aquilo que denomina "ausência de cobrança do conteúdo", característica do curso atualmente:

Maria Silvia – Eu assisti a algumas aulas recentemente e fiquei tão decepcionada ... A própria maneira de avaliar o aluno: eles dão uma prova para resolver em casa, com consulta; isso é ruim. Eu não concordo com o atual ensino superior. Em reuniões pedagógicas os professores universitários criticam o professor secundário, mas o problema está na faculdade ... Apesar de eu ter uma formação voltada para a pesquisa, eu tenho conhecimentos e os adquiri na graduação. Não foi difícil o início da carreira no magistério porque eu sabia História. Agora você expõe um aluno de universidade a uma sala de aula de segundo colegial, ou seja lá onde for, eles não sabem nada ... Quando achei que estava faltando alguma coisa para mim, eu voltei a fazer pós-graduação. Para aprender...

E como você avalia este curso de pós?

– O meu curso de pós foi muito bom. Eu aprendi muito História da América. O meu curso de mestrado foi diferente do seu. Eu entrei no meu curso de pós em 81, 82 ... Era diferente ...

Eu gostei mais do mestrado que do doutorado ... No mestrado fiz provas sem consulta em todas as disciplinas. Agora ninguém mais precisa estudar para fazer prova. Só faz trabalho...

Ela aponta diferenças no modelo de ensino nos anos 60 e 90, no curso de História em Assis:

Como era a dinâmica das aulas? Por exemplo, no meu tempo de faculdade (final dos anos 80, início da década de 1990) a gente lia o texto em casa para discuti-lo em sala. No final do semestre a gente fazia uma prova com consulta e um trabalho.

– Nós tínhamos provas mesmo, provas escritas e sem consulta ... Você tinha que saber o conteúdo. Eu me lembro que numa das provas do professor Vergilio, ele colocou um quadro da *belle époque*, uma música e uma frase; aí mandou a gente, através do quadro e da música, retratar a época. Você tinha que saber a *belle époque* ... Numa prova do professor Ribeiro, ele perguntava como foi a colonização do Brasil na visão do Caio Prado. Você tinha que conhecer o Caio Prado, o funcionamento da economia da cana-de-açúcar, a escravidão, o ciclo da pimenta. Lembro-me que ele perguntava: "Segundo João Lúcio de Azevedo, o que representou o ciclo da pimenta em Portugal?". Você tinha que saber por que Portugal lutava com os franceses, com os ingleses; as mudanças da própria política. Qual a importância da união ibérica? A gente tinha que pegar todo o contexto.

Mais recentemente, os fatos históricos são depreciados em favor da capacidade de análise, discussões teóricas e desnudamento das posições ideológicas que direcionam a maneira como os egressos lêem qualquer material; desvinculado desse trabalho analítico, os fatos em si não se fazem inteligíveis. Após alguns anos de serviço, Silvio aprendeu alguns fatos históricos nos livros didáticos e paradidáticos: "São informações que, aliadas à teoria que você tem, passam pela compreensão". Os fatos que se prestam a relações com questões teóricas ele memoriza; os demais, estuda hoje para ensinar amanhã e esquece no dia seguinte.

Seu depoimento sugere que a história temática predispõe o professor a retomar leituras mais sofisticadas realizadas na graduação; ainda assim, o peso das condições de trabalho na implementação de um trabalho inovador parece sobrepor-se às intenções iniciais. Embora quisesse seguir as orientações da Cenp "à risca", suas aulas foram o produto de uma adequação à falta de material didático e ao desconhecimento da história factual:

> Silvio – Quando comecei a dar aulas tive que estudar muito, porque não sabia aquela historinha factual de livro didático. Quando cheguei à escola, os alunos perguntaram: "Professor, qual a primeira cidade fundada no Brasil?".
>
> *Você sabia?*
>
> – Não fazia a mínima idéia. Eu falei assim: "Vai ganhar um ponto aquele que descobrir primeiro". Correram para a biblioteca ... Eu comecei me valendo desse discurso no começo das aulas. Primeira aula, em fevereiro, causei tédio entre os alunos ... depois trabalhei o que é carnaval para a sociedade brasileira e a sua história desde a Antigüidade. Na época, tinha uma coisa interessante, falando da História do Brasil, aban-

donar a cronologia, trabalhar por temas, pesquisa. Tinha muito pique, mas depois comecei a perder o fôlego.

– *Quanto tempo durou seu fôlego?*

– Acho que no final do primeiro ano de magistério já não agüentava mais. No segundo ano eu falei: "Vou mudar completamente a minha forma de trabalhar" ... No primeiro ano em que dei aula não usei livro didático porque não tinha nenhum na escola. Na época dos debates da Proposta da Cenp, a escola achou que deveria sumir com todos os livros didáticos e, como não tinha ninguém de História para impedir, sumiu com todos os livros didáticos de História. Eu comecei a produzir material e cheguei a usar textos acadêmicos pesados. Achava que o trabalho estava certo, mas os alunos não entendiam nada ou quase nada dos textos e das minhas falas. Cheguei a dar a *Teoria da mais-valia*, de Marx.

Tive experiências mais felizes: por exemplo, eu me baseei num livro da biblioteca, *Cidadão de papel* do Gilberto Dimenstein ... a gente ia trabalhando o texto e comparando com a realidade. Era Tarumã. Falávamos dos bares, das crianças ... questões pertinentes até hoje, como a gravidez na adolescência... Eu nunca planejei trabalhar a realidade local, mas depois, num segundo momento, passamos a entrevistar autoridades políticas, vereadores.

Você ou os alunos?

– Os alunos. Trabalhei um ano com as entrevistas de políticos locais, porque não tinha material didático. Eu cheguei para a coordenadora e falei: "Pelo amor de Deus, não dá para trabalhar assim". Comecei a ficar esgotado de tanta aula dinâmica e diferente.

Mas você conseguiu atingir seu objetivo?

– Para 7ª e 8ª séries, eu acho que sim.

É impressionante como alunos de periferia, os vagabundos e os indisciplinados participam das aulas quando você propõe, de maneira clara, discussões acerca das vidas deles mesmos. Montavam painéis na parede, trabalhavam os temas. Uma das coisas que a gente discutia era a formação dos partidos e cada vereador entrevistado (era um por semana) deveria responder a que partido ele pertencia, por que pertencia àquele partido e o que conhecia do seu partido. Um deles tinha trocado várias vezes de partido ... a meninada colocou ele na parede e perguntava qual seria o seu próximo partido. Ele ficou meio sem graça.

Eu acho que os alunos iam despertando para uma série de coisas importantes ... Na 5ª série era muito difícil, cheguei na coordenadora e disse: "Eu não tenho como dar aula na 5ª série". Aí ela ligou para a editora ... Quando chegou o livro, NOSSA ... a História do Brasil estava dentro da nova proposta, estava ótimo. Eu comecei a perceber como é fácil trabalhar textos de linguagem acessível. O problema do livro didático é o professor. Quando o professor considera o livro didático o seu próprio limite, aí é problemático.

Como você preparava aula com o livro didático e sem o livro didático?

– Sem livro didático eu ia no ônibus pensando como eu ia fazer. Idealizava ... quando estava naquela fase de empolgação. Imaginava o que ia falar, perguntar; toda a dinâmica ... Quando lia alguma coisa interessante, contava para eles. Eu acho que a minha empolgação contagiava os alunos. Funcionava porque eu tinha entusiasmo. Quando o professor não tem entusiasmo, nada funciona.

Você discutia mais atualidades ou também ensinava história?

– Eu tentava seguir à risca aquilo que a Proposta da Cenp colocava. A partir da atualidade fazer uma ponte com o passado ... Quando passei a usar livro didático, continuei com as apostilas xerocadas como complemento.

Mas no primeiro ano já aparecia a história factual?

– À medida que eu ia aprendendo, eu ia ensinando...

Silvio afirma a adesão dos jovens professores à História temática e reconhece que, nos anos 90 – assim como em qualquer outra época –, as escolas ofereciam o ensino possível. Descartadas as reprovações em massa, a escola aceita a clientela, e, talvez, a necessidade de novos referenciais para a avaliação do trabalho do professor seja o fator que diferencia a escola brasileira da década de 1990 em diante. Anteriormente, o professor dispunha de um modelo a ser adotado ou mínimos conteúdos a serem trabalhados; a partir da Proposta da Cenp, não há referenciais nacionalmente válidos. Do ponto de vista pedagógico, caberiam, ao menos, duas apreciações ao trabalho de entrevistas com vereadores que Silvio realizou durante dois semestres com uma sala de Ensino Fundamental: 1. foi melhor discutir uma quantidade menor de temas relevantes para os alunos do que abrir o leque sem poder sensibilizar a clientela; 2. o trabalho ficou incompleto, pois não estabeleceu paralelos com outros momentos da história política nacional.

Na avaliação da escola e da comunidade, Silvio fez um excelente trabalho, e, do ponto de vista dele, as lacunas na formação do aluno são uma fatalidade. O aluno refletiu sobre a política local, portanto seu objetivo foi alcançado. Já o trabalho com o texto sobre a *Teoria da mais-valia* de Marx não foi visto pelo professor como uma experiência "feliz", porque ninguém o entendeu. Como se pode observar, a reflexão e a análise crítica são os objetivos do professor, não havendo critérios rigorosos de avaliação do trabalho. Sua própria formação universitária é considerada satisfatória, apesar das lacunas e da despreocupação com a docência.

A formação teórica voltada à pesquisa e ao desenvolvimento de habilidades de leitura crítica e escrita – com prejuízo da memorização da História Política Factual – impõe-se na UNESP de Assis nos anos 80 e 90, período em que Silvio foi aluno:

> *Nessa época (tempo em que cursava a graduação) você tinha consciência de que seria professor? Lembrava-se disso de vez em quando?*
>
> Silvio – Lembrava, mas acho que pela situação. Nunca fui de classe média nem nada. Nunca tive sonho de ter profissão de renda... Eu achava que ser professor era uma boa para eu me manter... O que compensava era a estabilidade, depois pensava em fazer outra faculdade... Comecei a pensar em fazer pós-graduação com a disciplina do Barreiro no terceiro ano. Ele estava trabalhando com o Caio Prado e, pelo que me lembro, foi a primeira vez que um professor falou: "No dia em que vocês forem dar aula usem isso ou aquilo...". Ninguém, nem os alunos lembravam-se de que iam dar aula. Não tinha essa preocupação... Eu me lembro que a Claudete chegou uma vez dizendo: "Gente, o que eu vou fazer? Eu não sei nada de História, eu não sei nada". A gente ficava discutindo teorias.

A desvalorização dos fatos históricos presente na Proposta da Cenp parece coadunar-se com a metodologia de ensino da universidade nos anos 80 e 90 e com a tendência da historiografia brasileira no período, inspirada na Nova História francesa. Segundo Janotti (1997, p.46), o repúdio à história política e a desqualificação do passado em favor de um presenteísmo intenso seriam decorrentes da inegável "penetração da Nova História francesa e, em menor escala, dos historiadores neomarxistas ingleses na formação da atual geração de professores de História". Para a mesma autora, "a política editorial vem influenciando decisivamente na formação da consciência histórica em nosso país", de forma tal que "alguns poucos autores tornaram-se presença obrigatória tanto na produção acadêmica quanto nas salas de aula" (ibidem, p.46). Depreciando os fatos políticos e econômicos, a atual geração considera um "conhecedor da História" aquele que acompanha os lançamentos do mercado editorial e a evolução do pensamento historiográfico, domina as teorias da História – quase sempre pautadas na "consciência da linguagem" – e tem habilidade de "desconstruir" o texto, desnudando seus pressupostos teóricos, ideológicos ou a estrutura discursiva. Portanto, ganha relevo o trabalho intelectual que constrói o fato. Indiscutivelmente, esse perfil de professor se inscreve num contexto universitário que abandona a transmissão de informações e visa à produção do conhecimento.

Se a universidade deprecia os fatos em favor da capacidade de análise, o Ensino Fundamental e o Médio valorizam a formação de atitudes, a construção da cidadania. Do ponto de vista pedagógico, o Ensino Fundamental e o Médio preservaram, nos anos 80, uma especificidade para a disciplina História, o desenvolvimento da consciência crítica e política, predispondo os alunos à mobilização social. Caberiam ao professor de História, mais do que aos outros, o desenvolvimento da "consciência crítica" e o debate de temas polêmicos. O resgate da cidadania, no sentido político, far-se-ia à medida que a escola trabalhasse as habilidades do pesquisador acadêmico, a capacidade de ler nas entrelinhas, de "desconstruir" o discurso desnudando seus pressupostos ideológicos. Assim, os professores da rede oficial de ensino desejam cursos que lhes dêem a formação teórica e a capacidade de análise, enquanto os mais velhos, como Maria Silvia, reivindicam para as atuais gerações a leitura de "clássicos" (Rosa Luxemburg, Leoncio Basbaum, Hobsbawm) que inserem os

MEMÓRIAS DE QUEM ENSINA HISTÓRIA   145

fatos numa visão maior, o processo histórico. Edson evidencia o empenho do próprio sindicato na implementação das novas metodologias de ensino:

> A Apeoesp era uma grande defensora da proposta e incentivava a discussão. O sindicato queria um posicionamento do professor, queria que o professor tivesse uma visão diferenciada e progressista, entendeu?
>
> *A Apeoesp contribuía para a divulgação da proposta?*
>
> – Sim, nós discutíamos, chamávamos os professores, rodávamos material. Usamos muito a impressora da Apeoesp para divulgar novos referenciais pedagógicos: Paulo Freire, Emília Ferreiro ... A gente tentava fazer uma ligação da universidade com a escola. Até hoje a Apeoesp luta para que a universidade se aproxime da escola e assuma a reciclagem do professorado através de cursos.

Essa insistência na "reciclagem" e na "formação continuada" dos professores, a ser realizada por profissionais ligados à universidade, é uma constante nas falas da terceira geração, sugerindo que o professor autodidata – tão comum na "fase de ouro da escola pública" – é tanto impensável quanto indesejável. Talvez se possa associar essa preocupação com a "orientação" da universidade na capacitação dos professores ao próprio perfil do conhecimento pedagógico e da historiografia colocada aos professores do Ensino Fundamental e Médio. Trata-se de um conhecimento fragmentado, fundamentado em referenciais teóricos sofisticados e pouco afeitos à oralidade. Em oposição ao positivismo e ao espontaneísmo pedagógico, o professor quer dominar o conhecimento acadêmico e aplicá-lo à sala de aula com vistas ao desenvolvimento da "consciência crítica". O desejo de atualização bibliográfica e de domínio dos referenciais teóricos mescla-se, no imaginário docente, à busca da modernidade. O conhecimento acadêmico encanta e a pós-graduação é o sonho declarado de muitos professores. Ainda assim, professores e pedagogos mostram-se insatisfeitos com o ensino de História nas escolas.

Artigos escritos nos anos 90 tendem a lamentar o relativo insucesso da renovação do ensino de História impulsionado na década de 1980. Segundo Maria Auxiliadora Smith (1997, p.54), "mudanças foram sentidas ... no entanto, no que se refere à prática cotidiana do professor de 1º e 2º graus, isto é, àquela instância denominada sala de aula, de um modo geral as mudanças ainda são insatisfatórias". A avaliação é coerente com as respostas dos questionários e com as entrevistas usadas como fontes nesta pesquisa, pois esses materiais indicam que os anos 80 realmente impuseram um modelo diferenciado de aula eficiente de História, sem, no entanto, alcançar resultados expressivos.

O atual professor tende a abraçar o ideal da democratização, mostra empatia com as classes populares com as quais trabalha, e até mesmo os poucos que negam a modernidade pedagógica não podem ser qualificados como "tradicionais" no sentido de retomar o elitismo dos professores da primeira geração. Talvez se pudesse afirmar que os atuais professores desvencilharam-se do elitismo e do missioneirismo, característico dos anos 60, e avançaram no profissionalismo. Hoje, o magistério é, indiscutivelmente, uma profissão como qualquer outra, não fazendo sentido dedicações sobre-humanas para manter uma imagem. Insatisfeitos com a profissão, muitos associaram o tema da injustiça a suas condições de trabalho: "professor estudar tanto e receber em troca a falta de educação dos alunos", "criança com fome na escola", "querer ensinar para alunos que só querem brincar", "baixos salários do professor", "propagandas mentirosas sobre educação", "descaso da sociedade com o magistério" são exemplos de falas que comumente se ouvem de vários professores, levando à suposição de que os sentimentos de impotência e/ou injustiça afetam, com maior ou menor intensidade, a totalidade do corpo docente. A hipótese ganha força quando se observa que boa parte dos professores citou o ensino na questão 30 (Quadro 17).

Quadro 17 – Questão 30: O que você considera uma injustiça?

Prudente (32)	Assis (30)	São Paulo (10)
Miséria no Brasil e no mundo: 8	Baixos salários e más condições de trabalho: 11	Excluir o aluno da escola: 3

Continuação

Prudente (32)	Assis (30)	São Paulo (10)
Não responderam: 6	Descaso do governo e da sociedade com a educação: 10	Falta de recursos para a educação: 3
Sucateamento da escola pública: 5	Medidas autoritárias: 3	Desigualdades sociais: 1
Número de aulas de História: 4	Privar o cidadão dos seus direitos: 3	Prejudicar alguém com consciência e prazer: 1
Empobrecimento do conteúdo: 3	Exigências sem condições de realização: 1	Criticar sem conhecer: 1
Salário do professor: 3	Propagandas mentirosas sobre educação: 1	Falta de ética: 1
Esse questionário: 2	Não lutar para melhorar a escola pública: 1	
Autoritarismo: 1	Querer ensinar para alunos que só pensam em bagunçar: 1	
Aluno do noturno trabalhar: 1	Não respondeu: 1	

Com base no Quadro 17, uma parcela significativa dos professores considera os profissionais do ensino uma categoria intrinsecamente injustiçada. Apesar disso, a maior parte desses mestres (tendo em vista a totalidade da amostra de professores) vislumbra uma real contribuição da escola para a formação do cidadão e, para atingir esse fim, valoriza as orientações pedagógicas e o conhecimento acadêmico.

Esse otimismo não anula o imaginário popular e docente segundo o qual "escola boa é a de antigamente". Parece haver certo consenso no interior da sociedade quanto ao percurso do magistério, como profissão, a partir da década de 1970: o professor perde salário, prestígio, condições de trabalho e reconhecimento social; uma parte dos professores de História se acomoda nos questionários e desqualifica-se com as licenciaturas curtas. A crise educacional, que afeta o professor individualmente, seria causada pelas políticas públicas – particularmente as implementadas nos governos militares. Essa visão ficou sintetizada num artigo de jornal que o professor Caetano escreveu quando os professores da rede estadual fizeram greve na década de 1990:

> Senhor Mário Covas: creio que nesse momento, Vossa Excelência, digníssimo governador do Estado de São Paulo, deve estar de cabeça quente porque os professores da rede estadual estão em greve. Deve ser muito difícil para uma pessoa que lutou contra a ditadura ... Mais difícil ainda quando Vossa Excelência se lembra dos tempos que era estudante. Tempos extraordinários quando uma professora, com ares de mãe, afagava sua cabeça com uma brilhante resposta sobre a História do nosso país ou sobre a filosofia dos gregos. Essa professora que te ensinou os rudimentos da cultura universal, que projetou valores profundos em tua alma, que te iniciou nos ideais de liberdade, quem sabe é hoje uma aposentada que peleja com mil dificuldades para continuar sobrevivendo.
>
> Essa professora, que deliciou o seu íntimo com a literatura de Monteiro Lobato, que te encantou com a Geografia Universal, que te extasiou com os contos dos Irmãos Grimm, provavelmente se queda surpresa com os rumos que a educação tomou no nosso Estado. Ela ainda foi de um tempo em que o professor podia comprar livros, vestir-se decentemente e até pensar numa casa própria. Quem sabe ela até apareça numa dessas assembléias dos professores paralisados para dar um depoimento de apoio...
>
> Não se esqueça, Sr. Mário Covas, que esses professores (em greve) não conseguem comprar livros, roupas e muito menos pensar em casa própria ou num carrinho dos anos 70. Esses professores precisam ficar, no mínimo, em pé, para continuar a tarefa da sua professora de infância, Sr. Governador.
>
> ...
>
> Se hoje é muito difícil para uma professora ser mãe em sua casa, é impossível sê-lo numa escola da rede, mesmo porque ela mesma clama por uma. Então, Sr. Governador, pela honra e dignidade dos seus professores do passado, faça o possível pela honra e dignidade dos professores do presente. Se isso for verdadeiramente impossível, renuncie ... A não ser que tenha esquecido as lições de sua querida professora. (Silva, 1997)

MEMÓRIAS DE QUEM ENSINA HISTÓRIA 149

O artigo, escrito em tom panfletário, aponta mais que a decadência do ensino no Estado e os baixos salários, destaca a orfandade do professor atual e a necessidade de consolidar sua honra e dignidade. Um dos maiores estudos já realizados no Brasil sobre o perfil da categoria concluiu que o professor está doente, sofre da síndrome de Burnout (Codo, 1999), uma alteração psicológica que poderia ser comparada à depressão. Seus sintomas são o desinvestimento emocional associado à falta de perspectivas. Uma das entrevistadas afirma:

Há um mal-estar que é próprio da situação dos professores. Eu acredito que as pessoas têm a impressão, em todo caso falo por mim, a impressão de realmente estarmos sendo espremidos como um limão e de não sermos reconhecidos. Quando discuto com meus colegas de francês ... temos a impressão de que não somos absolutamente nada, que fazemos um trabalho – me perdoe a expressão – um trabalho de merda. (apud Codo, 1999, p.71)

Pesquisas recentes procuram ultrapassar os argumentos econômicos (baixos salários, descaso do governo com a educação...) para pensar a "orfandade" e o desinvestimento emocional do professor na profissão, um fenômeno observado em outros países além do Brasil. Esteve (1987) centra a atenção sobre o perfil do professor ante o aumento das exigências em relação à escola, processo que não se fez acompanhar por mudanças significativas no processo de formação. O autor põe em destaque não apenas questões sempre lembradas, como a democratização do sistema educacional, mas também sua incapacidade de cumprir um grande número de funções num momento em que outros agentes de socialização (como a família) recuam em face da questão educativa e enxergam no professor o primeiro elemento responsável pelo ensino. Igualmente difícil para o corpo docente – segundo o autor – é a ruptura do consenso que existia no passado em torno dos objetivos e valores educacionais. Enguita (1991), usando argumentos semelhantes aos de Esteve, sustenta que os professores vivem uma crise de identidade, enfatizando o fato de que o grupo sofre um processo constante de proletarização – à medida que perde o controle sobre a definição dos objetivos e da organização do seu trabalho – e resiste a ele reivindicando o reconhecimento do seu profissionalismo.

Sem negar o agravamento das condições de trabalho do professor nas últimas décadas, é possível supor que a docência nunca foi uma tarefa fácil. O trabalho de Elza Nadai (1991) sobre a fase de ouro da escola pública sugere que nos anos 60 o professor mantinha a imagem de competência e organização – que seriam intrínsecos à docência, conforme a visão no período – mediante uma extremada dedicação, associada a uma clara definição da função da escola: transmitir conteúdos. Daí a centralidade da mítica do bom professor na sua análise. A autoridade do mestre, o reconhecimento social – perante uma sociedade pouco marcada pelos ideais urbanos – e o retorno dos alunos fechariam um ciclo de investimento e reconhecimento mútuo, que incentivava a dedicação. O bom professor assume um papel, personifica uma imagem que repercute no aluno, na sociedade e nele mesmo.

Esta pesquisa supõe que a imagem do magistério, hegemônica atualmente (pautada nas noções de decadência, injustiça, insuficiência de salários e de qualidade etc.), ganha relevo nos anos 70 e 80 nos discursos de oposição aos governos militares. No mesmo período, destaca-se uma linha intelectual – que se convencionou chamar de "crítica" – empenhada em denunciar o peso dos interesses dos empresários do ensino na definição da política educacional, a doutrinação ideológica do ensino, a queda dos salários e o aligeiramento da formação dos professores. Importantes pedagogos da tradição "crítica" e progressista passam a influenciar os governos estaduais após 1982 e continuam, nas secretarias da Educação, denunciando o descaso dos governos anteriores para com o ensino e enfatizando as mazelas do ofício do professor – as quais seriam amenizadas com melhores condições de trabalho para a categoria como um todo. No campo da didática histórica, os intelectuais paulistas rompem com a tradição marxista que se evidencia nos discursos dos "progressistas" e dialogam com autores e referenciais "pós-modernos".

A partir da segunda versão da Proposta de História (setembro de 1986), quando os professores das mais renomadas universidades brasileiras passam a assessorar a equipe da Cenp, autores e teorias, que anunciam a crise do racionalismo e a superação do projeto iluminista de emancipação das consciências pelo conhecimento, aparecem no horizonte de referências. As teorias de vanguarda justificam o abandono do currículo homogêneo, válido para qualquer clientela, em favor da pesquisa em sala de aula e sugerem que o professor de História volte-se para a realidade dos seus alunos e os auxilie na construção de interpretações que as tornem inteligíveis, evidenciando a possibilidade de transformação social pela ação dos grupos oprimidos. A presente pesquisa constata que tais noções marcaram fortemente a atual geração de professores e, como a discussão teórica foi compreendida por poucos, acaba sendo apontada como um símbolo da crise escolar. Para a maioria dos professores, o ensino de qualidade identifica-se ao conteudismo da "fase de ouro da escola pública". Baixos salários, descaso dos governos e queda da qualidade naturalizam a imagem de decadência da escola pública e de vitimização dos mestres.

A título de comparação, podem-se retomar as linhas gerais dos estudos de Durval Albuquerque Júnior (1988) acerca da construção da identidade do nordestino, calcada na idéia de sofrimento e de humilhação. O autor sugere que a visão do Nordeste que se impõe nacionalmente, como o lugar da pobreza e da fome decorrentes das secas, será divulgada a partir do século XIX pelas falas de astutos políticos locais que usavam tal argumento para pressionar a liberação de recursos federais para a região. A descrição do sofrimento do sertanejo incorpora-se ao senso comum e aos meios artísticos (Albuquerque Júnior, 1994) como a "essência" característica de todo um povo. Segundo o autor, naturaliza-se uma identidade calcada na inferioridade em relação ao resto do país, particularmente São Paulo, identificado como o *locus* do progresso e da riqueza. Suponho que os defensores da escola pública gratuita de qualidade e da rigorosa formação acadêmica dos professores contribuem para impor a imagem de decadência da escola quando denunciam o sofrimento real da categoria. Os professores identificam-se com ela e sentem-se mais à vontade para manifestar suas angústias; nesse contexto, não é necessário manter uma imagem pública positiva e as fraquezas são assumidas – procedimento inadmissível na "fase de ouro da escola pública".

A luta pela defesa da escola pública nos anos 80 contribuiu, a meu ver, para naturalizar a imagem de sofrimento e de despreparo do professor, problemas que deveriam ser sanados pela redução da jornada de trabalho e concessão de melhores salários. Tal visão choca-se com a imagem do missioneirismo do magistério difundida nos anos 60 e com a ênfase neoliberal na premiação dos mais competentes. Nos anos 90, pedagogos progressistas, professores e sindicato são acusados de corporativismo, e os governos buscam novas relações empregatícias sinalizando recompensas financeiras àqueles que tiverem melhores resultados com os alunos. Portanto, é possível identificar, ao menos, três momentos na constituição da identidade do magistério: o primeiro abarca os fins da década de 1950 e início da seguinte, a chamada "fase de ouro da escola pública", quando os professores pautam-se na mítica do bom professor; o segundo, nos anos 70 e 80, foi marcado pela democratização da escola pública e pela luta do magistério na defesa de melhores condições de trabalho. Nesse momento, intelectuais críticos e progressistas denunciam os descaminhos da profissão e naturalizam a imagem da orfandade do magistério. A terceira fase corresponde à realidade atual quando se assiste, desde a década de 1990, à popularização do receituário neoliberal que defende ações capazes de romper com a "acomodação" do funcionalismo público e com o corporativismo dos professores.

Este capítulo se debruça sobre os dois últimos momentos e aponta a empatia dos professores pesquisados com o discurso progressista hegemônico nos anos 80.

Perspectivas

Suponho que a Proposta da Cenp, os PCNs e as atuais reformas educacionais afetam os professores de forma direta e incisiva, fazendo que as formulações do discurso pedagógico não lhes passem despercebidas. Como foi demonstrado, o "alheamento" em relação à pedagogia é característico dos professores mais antigos, pois os mais jovens respondem a elas, direta ou indiretamente. No entanto, essas formulações pedagógicas não se guiam pelo "tecnicismo" que submete e desconsidera a prática dos mestres; ao contrário – como tentou-se indicar –, a Proposta da Cenp clama pela autonomia do professor com a exigência de que se produza conhecimento em sala de aula. Num outro viés, os PCNs ampliam as funções da escola com vistas à educação moral e dos afetos, incorporando ao ensino práticas dialógicas que cabem ao mestre implementar (tendo ampla liberdade para tanto). Portanto, a flexibilidade curricular em História é um fato, nesse início de século XXI, em oposição aos "programas oficiais" impostos pela Reforma Francisco Campos de 1931 e que vigoraram pelo menos até a LDB de 1961. Naquela época, não havia dúvidas quanto ao *o que* e ao *como* ensinar.

Do ponto de vista prático, assiste-se atualmente a uma explosão de conteúdos e metodologias, e pairam no ar incertezas e desconfianças quanto à qualidade da escola que, aos poucos, vai-se consolidando. Alguns professores mais "tradicionais" acusam os colegas de passar o ano "enrolando" os alunos em nome das inovações educacionais, e, no âmbito do discurso pedagógico e das políticas públicas, delineia-se a tendência de premiar o professor que não falta[23] e de oferecer recursos para as escolas que apresentam os melhores projetos pedagógicos ou menores índices de evasão.

Em vários países, inclusive no Brasil, busca-se implementar relações de trabalho diferenciadas nas escolas, fazendo que o professor – gozando de liberdade para traçar seu plano e diretrizes de ensino – efetivamente esteja comprometido com a busca de resultados satisfatórios. Assim, decreta-se a "autonomia docente" que não implica descompromisso com o social ou o "cada um faz aquilo que acha certo"; pelo contrário, a prática e a cultura profissional são postos em primeiro plano pela urgência de se rever o modelo de ensino, haja vista a constatação de que reformas centralizadoras – impostas de cima para baixo e elaboradas com base em formulações teóricas consagra-

---

23 Em 2000, o professor que faltou pouco recebeu um bônus de até R$ 2.500,00.

das pelo modismo acadêmico – têm alcance limitado. A preocupação de superar o tecnicismo não parte apenas de pedagogos; economistas e empresários, de forma crescente, discutem a educação, as metodologias de ensino e reivindicam novas relações de trabalho nas escolas de vários países. Assim como as empresas modernas buscam superar o "adestramento" dos trabalhadores – típico do fordismo – e a dicotomia chefe/subordinado, requerendo profissionais capazes de assumir múltiplas funções, dar sugestões e dividir com a diretoria a responsabilidade pelos resultados, também se espera um professor que ultrapasse a proletarização, mostrando-se capaz de pensar seu próprio trabalho, suas implicações, além de garantir bons frutos em termos educacionais.

Por caminhos diversos, França, Portugal e Brasil estariam incorporando essa perspectiva em reformas e pesquisas educacionais que abraçam o diálogo transdisciplinar, assim como os métodos qualitativos e etnográficos na expectativa de ultrapassar a tapeçaria dos conhecimentos dispersos e explicitar o "irredutível pedagógico" (Pimenta, 1997, p.38-9). Tais reformas são levadas a cabo por governos que empunham a bandeira do neoliberalismo e priorizam o ensino no enfrentamento da revolução tecnológica que está ocorrendo no processo produtivo (Mello, 1993, p.26) e no preparo da "nova cidadania". Nos vários países, as inovações quase sempre estão centradas na gestão administrativa e nas relações trabalhistas. Após décadas de estudos e discussões, estaríamos vivendo o impacto de uma verdadeira "Revolução Copernicana na educação" (Mello, 1993): sem desconsiderar os demais fatores e problemas que envolvem o processo educacional, as reformas centram-se sobre a escola e a relação empregatícia (não mais Estado, aluno, professores ou família) na tentativa de superar as mazelas decorrentes da estabilidade e da falta de estímulo características, segundo os neoliberais, do funcionalismo público.

Talvez se possa afirmar que o professor atuante na rede tende a abraçar a flexibilidade curricular com muito ou pouco embaraço,[24]

---

24 Seja por convicção seja pela comodidade de fugir a um programa exaustivo.

mas desconfia dessas reformas educacionais, ainda que não as entenda profundamente. Fiéis defensores da escola pública, reivindicam melhores condições de trabalho e enxergam nessas práticas formas de pressão ao trabalhador, associando-as ao neoliberalismo e ao conservadorismo. Economistas e governos liberais acusam sindicatos e professores de corporativismo e, alguns, não vislumbram melhorias qualitativas no ensino com o aumento de salário e a redução da jornada de trabalho dos professores. Afirmam a necessidade de se abordar a estabilidade do funcionário público.

Cresce a tendência de submeter as escolas a avaliações externas e contínuas, estimulando a concorrência, incorporando a lógica do mercado e premiando as "melhores". No Chile, por exemplo, o investimento do Estado na escola pública tende a ser substituído pelo *vale-educação* com o qual o pai paga a escola de sua preferência para o filho – mecanismo idealizado por Milton Friedman, considerado o papa do neoliberalismo – como maneira de forçar a melhoria da qualidade do ensino e de evitar os gastos desnecessários e irracionais que demandam a manutenção de uma burocracia no sistema público de ensino. Também com o objetivo de instigar a disputa entre as escolas, o Chile premia com dinheiro as instituições que apresentam os melhores projetos pedagógicos, programa que está na base de uma ampla reforma educacional lançada pela Argentina em 1995. Maria Ines Abrile, coordenadora-geral do programa, explica que a reforma argentina tem dois segredos: a descentralização da autoridade orçamentária e administrativa que passou às províncias e a concepção da escola como unidade de gestão de ensino capaz de executar "seus próprios projetos educacionais com uma independência cada vez maior" (O BID, 1996, p.3). As províncias vão alocar recursos às escolas com base na concorrência entre os projetos, ou seja, as escolas que apresentarem projetos mais inovadores em termos pedagógicos e capazes de atingir melhores resultados na aprendizagem recebem mais recursos. Desse modo, o financiamento de instituições multilaterais – inclusive US$ 190 milhões do Banco Mundial – estará a serviço do ensino, em vez de pagar tijolos e computadores, conclui Abrile. A concorrência de projetos já foi adotada pelo governo do

Estado de São Paulo que, no segundo semestre do ano 2000, premiou com vinte mil reais três escolas cujos projetos foram selecionados. No caso brasileiro, a direção e a Associação de Pais e Mestres (APM) das escolas têm autonomia no gasto do dinheiro.

No plano nacional, o Estado de São Paulo é considerado referência para as demais unidades da Federação, como exemplo de administração racional de recursos (conforme o modelo privado) que adota medidas baratas e eficazes. Em 1995, o recadastramento mostrou 290 mil alunos fantasmas para os quais eram fornecidos merenda e livros; na mesma época foram separadas as escolas de 1ª a 4ª série, racionalizando a distribuição dos livros entre as bibliotecas e, atualmente, busca-se evitar os entraves da burocracia na distribuição dos recursos garantindo à APM autonomia para investir o dinheiro público dentro da escola (Lahóz, 2000). Alguns autores sugerem que as medidas adotadas têm preparado terreno para reformas mais profundas na estrutura e no funcionamento dos sistemas escolares públicos no sentido da privatização e da municipalização. Seja como for, o professor, cada vez mais, deverá construir um percurso em sala de aula que garanta a qualidade da educação, e, para tanto, foram-lhes oferecidos parâmetros e recursos, tais como o resultado dos sistemas de avaliação, a oportunidade para elaborar o projeto político pedagógico da sua própria escola e os cursos de capacitação em serviço, entre outros.

Num mundo crescentemente globalizado, essas reformas guardam tantos elementos em comum que Guiomar Namo de Mello (1993, p.9) chega a falar num "consenso em formação entre os especialistas a respeito da natureza dos problemas educacionais". Ainda que em alguns países, como o Brasil, as citadas reformas educacionais possam ser acusadas de autoritárias, elas veiculam uma retórica que valoriza a autonomia da equipe docente, a elaboração da identidade e da cultura própria nas escolas, a dimensão flexível, participativa e ativa/investigadora dos professores, fazendo supor que se aspira à ruptura do modelo tecnicista pela descentralização.

A descentralização não é, na visão de Popkewitz (1997, p.115), uma noção adequada para pensar as tendências atuais das políticas públicas na área educacional. Tomando por base o caso norte-ame-

MEMÓRIAS DE QUEM ENSINA HISTÓRIA   157

ricano, o autor sustenta que as reformas educacionais dos últimos anos fazem que a padronização e a regulamentação não ocorram pela "centralização geográfica, mas por meio de inter-relações de diversas instituições e padrões de discurso". Livros-textos homogêneos (avaliados por técnicos), aumento dos requisitos na admissão de professores, supervisão crescente no primeiro ano de profissão, capacitação e reciclagem em serviço ajudaram a elaborar um currículo nacional sem intervenção federal. Na mesma perspectiva, avaliações com publicação de resultados comparando as várias escolas e regiões, assim como a ênfase nos projetos, podem ser lidas como signos de uma "ruptura no significado tradicional do estado quando ele se aplica à escolarização" (ibidem). O Estado abandona suas funções dirigistas e centralizadoras, "favorecendo a regulação à distância, o impulso das autonomias e a avaliação de resultados" (Warde & Paiva, 1993, p. 24). Assim, o documento Cepal/Orealc propõe que as políticas na área da educação devem dirigir-se à gestão institucional responsável (descentralização); à profissionalização e ao protagonismo dos educadores (revisão da inserção, da formação e do modo de atuar dos docentes); ao compromisso financeiro da sociedade com a educação (contribuição de pais e da comunidade local); à capacitação e ao reforço científico tecnológico e à cooperação regional e internacional.

A discussão que atravessou toda a década de 1980 foi muito cedo levantada no Chile, dando origem a um sistema educacional que, de forma crescente, abandonou mecanismos estatais de controle do sistema educacional e incorporou os mecanismos de mercado. Enquanto a ditadura militar no Brasil deu continuidade ao modelo nacional desenvolvementista – mantendo, ou até mesmo ampliando, mecanismos de regulação direta do sistema educacional –, os governos militares chilenos (1973-1990) passaram a administração das escolas e dos liceus (voltados para o Ensino Médio) a *Corporações Municipais* que incorporaram o setor privado (Amonacid, 1997, p.30). Atualmente, o Chile é apresentado como modelo de país que alavancou a economia pela qualidade do sistema educacional: nos anos 90, enquanto corria um rápido processo de privatização e descentralização do ensino, o PIB chileno cresceu 7% ao ano, sendo hoje o mais alto da América Latina; no mesmo período, a proporção de famílias pobres caiu de 34% para 17%, e as diretrizes, assim como a administração de algumas escolas, ficaram a cargo de grupos de empresários que direcionam a formação de jovens para determinado campo profissional, de acordo com as necessidades do mercado de trabalho local.

Assim, esses "Conselhos Empresariais" (compostos por empresários da região e não por profissionais do ensino) administram escolas de Ensino Médio particulares subsidiadas pelo Estado, direcionando o currículo para as áreas requisitadas pelas empresas locais e dando aos alunos o *vale-educação*. Desse modo, a competição deveria contribuir para garantir a qualidade do ensino e a adequação do currículo às necessidades do mercado; por sua vez, os empresários participam das discussões sobre política educacional e programas escolares em nível nacional, forçando a escola a uma resposta mais imediata aos desafios econômicos e morais do país.

Além dessas escolas particulares subsidiadas pelo Estado e voltadas para o ensino profissionalizante, que formam pessoas jurídicas de direito privado sem fins lucrativos, há mais dois tipos de escolas: as totalmente privadas (que atendem 11% da população) e as municipais, que oferecem a educação básica e pré-básica. Atualmente, o Estado administra apenas a educação básica e pré-básica, enquanto os níveis mais avançados de escolarização são gerenciados pelos grupos empresariais que direcionam a formação para o campo técnico profissional e recebem recursos do Estado mediante o citado sistema de subvenções (Amonacid, 1997). A ruptura do significado tradicional do Estado que se verifica no Chile é uma tendência mundial e substitui o dirigismo centrado no Estado-nação por uma rede de fatores que afetam diretamente os professores, levando-os à busca de soluções capazes de articular as necessidades do modelo competitivo globalizado com a realidade local. Assim como a "mão invisível do mercado" seria suficiente para garantir os ajustes necessários ao sistema econômico, a *autonomia* e a *competitividade das escolas*, aliadas a uma *formação profissional* adequada, seriam fatores capazes de resgatar a qualidade do ensino. Pressionados pelas agências financiadoras internacionais, os Estados tendem a buscar a associação desses três fatores.

Desse modo, assiste-se a programas e iniciativas inusitados no processo de formação inicial e continuada dos docentes. A Espanha, país que apresenta um abrangente sistema público de ensino (atende 68% das crianças), cuja qualidade se equipara com as escolas particulares (metade delas administradas pela Igreja Católica), implementou um extenso programa de reformas baseado no construtivismo e na revisão do papel do professor, visto como um mediador no processo de elaboração de conhecimentos por parte do aluno. Cesar Coll, um dos principais idealizadores do projeto, destaca que o currículo nacional é aberto e amplo o suficiente para fazer que cada escola desenvolva seu próprio projeto curricular, adequado à realidade dos alunos e ao entorno social. Escolas e alunos têm a possibilidade de escolher matérias optativas que desenvolvam a criatividade, a imaginação, além da profissionalização (*Revista Educação*, 1997, p.26-9). Para minimizar os riscos de distorções nesse currículo flexível, algumas escolas desenvolveram um programa específico de acompanhamento dos professores ingressantes no seu primeiro ano de trabalho. Desenvolvido pelos *Centros de Professores*, instituições educativas cuja principal função consiste em dar resposta às necessidades de desenvolvimento identificado pelos próprios professores, diagnostica as necessidades do corpo docente e indica um mentor, professor com larga experiência, que dará seu apoio aos professores iniciantes e com eles desenvolverá ciclos de supervisão clínica a partir de um suporte teórico que estruture e fundamente a atividade de formação (Garcia, 1997, p.67). Esse programa, que não é único, pretende desenvolver atitudes favoráveis à reflexão; com o mesmo intuito, o *Plano de Formação Permanente de Professores*, desenvolvido na Andaluzia (Espanha), oferece um repertório variado de estratégias que inclui licenças remuneradas para seguir os estudos, além de seminários permanentes, grupos de trabalho etc. Carlos Marcelo Garcia (1997, p.53) destaca que no caso espanhol os

planos curriculares elaborados a nível central ou regional pressupõem uma nova concepção de atividade docente, tanto no que respeita aos alunos (aprendizagem construtivista, activa e participativa, investigativa; tratamento da diversidade, etc.), como no que respeita ao trabalho com os colegas (elaboração, desenvolvimento e avaliação de projetos curriculares; actividades de inovação, etc.). Todos esses aspectos repercutem-se, necessariamente, em novas formas de encarar a formação de professores.

Nesse esforço de moldar a prática pela teoria e vice-versa, superando o tecnicismo, a questão da formação de docentes ganha novos contornos. No Brasil, a atual LDB (Lei n. 9.394/96) afirma:

Artigo 61 – A formação de profissionais em educação, de modo a atender aos objetivos dos diferentes níveis e modalidades de ensino e às características de cada fase do desenvolvimento do educando, terá como fundamentos:

I. a associação entre teorias e práticas, inclusive mediante a capacitação em serviço;

II. aproveitamento da formação e experiências anteriores em instituições de ensino e outras atividades.

Além de elevar o nível de escolaridade dos professores, definindo que a formação docente far-se-á, obrigatoriamente, em nível superior (inclusive a formação do professor de educação básica que ficava a cargo do antigo 2º grau pelos cursos de magistério), a lei aumenta de forma considerável a carga horária dos estágios, totalizando um mínimo de trezentas horas. Seguindo a legislação antiga, os cursos de formação de professores exigiam em média 180 horas de estágio a serem cumpridas no último ano do curso. A Lei de Diretrizes e Bases de 1996 estabelece também, para os cursos de formação de professores, o objetivo de articular os currículos com as escolas, se possível, elaborando com elas convênios e um projeto pedagógico de formação inicial e continuada. Assim, está prevista uma organização flexível dos cursos de formação de modo a viabilizar a interdisciplinaridade e a incorporação da mídia (internet, TV, jornais, revistas) na condição de recurso educativo e a arte (teatro, cinema, música)

MEMÓRIAS DE QUEM ENSINA HISTÓRIA 161

vista como forma de mobilizar o desenvolvimento social, emocional e ético dos alunos e dos professores em exercícios, com os quais também devem trabalhar os cursos de formação de docentes.

Os currículos são montados pela equipe docente, tendo em vista a realidade do curso e essas diretrizes, sendo periodicamente avaliados pelo MEC. Até a década passada, cada novo curso que se criava era avaliado para obter o registro no MEC, não havendo um controle sistemático posterior; agora, a cada quatro ou (no máximo) cinco anos, toda faculdade precisa renovar seu registro, e a titulação e o regime de trabalho dos professores, as notas dos alunos no ENC e a organização curricular são fatores avaliados que podem definir a suspensão do vestibular e até mesmo o fechamento dos cursos com remanejamento dos alunos. Especificamente, com relação aos cursos de formação de professores, há uma novidade: permite-se que sejam oferecidos tanto pelas instituições de ensino superior já existentes como pelos inovadores *Institutos Superiores de Educação*, previstos no artigo 62 da LDB como alternativa às universidades. O artigo 63 estabelece que esses Institutos manterão:

a) cursos para formação de profissionais da educação básica, incluído o "curso normal superior" para formar docentes para a educação infantil e para as primeiras séries do Ensino Fundamental;

b) formação pedagógica para diplomados no ensino superior que queiram se dedicar à educação básica;

c) educação continuada para os profissionais da educação de modo geral.

Essas instituições são polêmicas no Brasil, e muitos temem que, embora definidas como de ensino superior, venham a ser consideradas de segunda categoria em relação às universidades. Inspiradas em instituições semelhantes como as "universidades pedagógicas" existentes na Colômbia e na Venezuela e as *Pädagogische Hochschulen* agora incorporadas pelas universidades da Alemanha, centralizam-se em torno do exercício profissional, da formação continuada decorrente da articulação com as escolas e da formação estritamente pedagógica. O caso alemão explicita o risco do desprestígio decorrente da ênfase prática.

162 EMERY MARQUES GUSMÃO

Após quarenta anos de divisão da Alemanha, hoje o sistema educacional alemão é o produto da imposição do modelo ocidental ao oriental, causando a simples eliminação do modelo socialista centralizado e muitos ressentimentos, uma vez que inúmeros professores da parte oriental foram destituídos dos cargos e substituídos por colegas formados na parte ocidental. Em comparação com os demais países, ele se destaca pela qualidade, valorização profissional e pelos altos salários; a grande maioria dos professores é de funcionários públicos e seus salários

> são considerados bons tanto se comparados ao salário da classe em outros países, quanto se comparados internamente aos salários de especialistas em outras áreas. Um professor primário, com um ano de serviço, casado e com um filho, recebe por mês a quantia de DM 3.504,00 (cerca de US$ 2.360,00). Aos 65 anos e, em casos excepcionais, com 62 anos, o professor tem o direito de aposentar-se. O salário do aposentado depende do tempo de serviço: com 35 anos de serviço recebe no máximo 75% do seu último salário na ativa. Em caso de falecimento, a viúva passa a receber uma pensão correspondente a 60% da aposentadoria do marido. (Goergen, 1998, p.68)

A formação do professor se faz por um sistema dual que separa a fase teórica, realizada na universidade, da fase prática, sob a responsabilidade do governo e levada a cabo na escola e no Seminário de Professores, concomitantemente. Aos docentes de primeiro e segundo graus básicos são exigidos seis semestres de estudos acadêmicos, incluindo disciplinas das áreas das ciências pedagógicas e sociais, com especialização em, no mínimo, duas áreas. Ao final desse período, o aluno se submete ao exame do Estado que inclui a elaboração de uma dissertação acadêmica, um exame escrito e um oral. Uma vez aprovado, tem o direito de ingressar na fase prática de sua formação, cuja estrutura varia nos Estados.

Segundo Pedro Goergen (1998), de modo geral, essa fase tem duração de dois anos, envolvendo uma parte teórica realizada no contexto do *Seminário*, sob a orientação de um professor experiente, e

MEMÓRIAS DE QUEM ENSINA HISTÓRIA **163**

uma prática, realizada numa escola designada pelo Estado. O jovem professor assume progressivamente determinado número de aulas, até o máximo de oito por semana na condição de funcionário público por tempo limitado: recebe salário, mas seu contrato é dissolvido assim que conclui a formação. Tais *Seminários* discutem teoria relacionando-a com a prática, tendo por suporte a experiência do professor/aluno, enquanto, na fase anterior, os estudos acadêmicos focalizavam, prioritariamente, a fundamentação científica das teorias pedagógicas. Apesar das diferenças de enfoque, hoje, ambos os momentos são realizados nas universidades que incorporaram os *Pädagogische Hochschulen*, as quais, durante anos, foram vistas como instituições menores.

Do ponto de vista pedagógico, existiam dúvidas a respeito da capacidade da universidade de realizar uma formação científica adequada dos professores. Essa concepção deve ser entendida dentro da concepção humboldtiana de universidade, segundo a qual a prática pedagógica não se reveste das características de cientificidade, próprias das atividades universitárias (ibidem). Pedagogos conceituados como Dermeval Saviani alertam que a criação dos *Institutos Superiores de Educação* podem dar margem a essa interpretação, estigmatizando alunos e professores (Goergen & Saviani, 1998, p.9). Os resultados efetivos, somente o tempo dirá; hoje se aposta que possam integrar teoria e prática e fornecer subsídios ao trabalho dos professores.

Iniciativas visando à competitividade entre as escolas – como o objetivo de adequar o currículo às necessidades do mercado e de unir teoria e prática educacional –, assim como a avaliação dos centros de formação de professores e a valorização da cultura profissional, a ser consolidada no contato com os pares, não parecem surtir tanto impacto sobre os atuais professores. Quando muito, o profissional sente-as como uma ameaça à escola pública, entendida como função/obrigação do Estado: este deve oferecer vaga para o alunos e emprego ao mestre. Reivindicações salariais, menor número de aluno por classe, instalações físicas adequadas, cursos de capacitação – não seguidos por avaliações de desempenho – parecem condensar aquilo que os professores entendem como as *condições necessárias para a*

164   EMERY MARQUES GUSMÃO

recuperação da escola pública.[25] Tanto assim que, num contraponto com um passado relativamente recente – quarenta anos atrás, quando os professores equiparavam seus salários com os da magistratura com apenas 12 ou 24 aulas semanais –, os professores que responderam ao questionário proposto em Assis, Presidente Prudente e São Paulo afirmaram que o magistério é uma categoria intrinsecamente injustiçada. Observe que as condições de trabalho requisitadas não dizem respeito à clientela; as camadas mais baixas da sociedade parecem acolhidas com certa "simpatia", sugerindo que o desânimo e a desmotivação seriam resolvidos com mais salário e menos aula, e não pelo resgate da autoridade do professor da escola tradicional perante os filhos das classes médias.

Tais dados confirmam a interpretação de Dermeval Saviani, segundo a qual o movimento docente dos anos 70 e 80 era caracterizado por dois vetores: "a preocupação com o significado social e político da educação, da qual decorre a busca de uma escola pública de qualidade, aberta a toda a população" e "outro marcado pela preocupação com o aspecto econômico corporativo, portanto de caráter reivindicativo" (Saviani, 1997, p.33). O presente capítulo quis demonstrar que essas características marcaram a atual geração de professores. Talvez, os mestres que estão iniciando a carreira agora (minoria em nossa amostragem) tenham um perfil diferenciado; provavelmente irão compor uma futura geração de professores, com traços próprios.

Modernidade pedagógica e ensino de História

Tendo em vista os documentos que revêem o currículo da disciplina História (Proposta da Cenp e PCNs) e as iniciativas (ainda tímidas?) do Poder Público que visam abalar o corporativismo do magistério na rede pública de ensino, podem-se enumerar algumas de suas conseqüências:

---

25 Uma visão radicalmente inversa do professor tradicional.

1 Elaboração de novos referenciais para pensar a qualidade do Ensino Fundamental e Médio: a história seqüencial e linear tende a desaparecer das escolas públicas, ainda que a pesquisa histórica, a partir de eixos temáticos, não tenha se imposto.

2 O viés teórico de vanguarda – que descarta a noção de verdade – teve pouca penetração. A indesejável postura de "doutrinação ideológica" para a causa da "esquerda" parece predominar, assim como os jargões e as frases de efeito.

3 O conceito de "educação moral" incorporado ao currículo nos anos 90 esbarra na noção de conservadorismo político.

4 Os professores buscam uma relação mais democrática com os alunos, sendo difícil afirmar se por causa da assimilação do discurso pedagógico ou da dificuldade de controlar classes superlotadas.

CONSIDERAÇÕES FINAIS

O perfil do professor, assim como a inserção social, a cultura, o código de ética e os valores da categoria transformam-se rapidamente em um período de tempo relativamente curto. Até o início dos anos 60, o professor, o padre e o juiz de direito representavam autoridades no município, sempre requisitados em festas e comemorações como verdadeiras celebridades. Conforme a análise de Arilda Ribeiro (1999), a instalação de escolas em Presidente Prudente, nas décadas de 1930 e 1940, foi recebida com entusiasmo pela população local que chegou a se mobilizar para arrecadar fundos para a construção do prédio do ginásio estadual, denominado Instituto de Educação Fernando Costa. Ex-alunos reafirmam o clima de seriedade e otimismo, a qualidade do ensino oferecido e a imponência dos prédios das escolas na provinciana Presidente Prudente que, em 1945, contava com apenas três ou quatro ruas asfaltadas.

Esse mestre autoritário e respeitado pela comunidade fica cada vez mais distante, apesar de sempre evocado na memória da educação no país. A professora tradicional não lecionava de calça comprida, mostrando-se sempre bem vestida e elegante, com salto alto e cabelo impecável; o professor quase sempre usava gravata e era reconhecido como conhecedor dos assuntos que lecionava, como um erudito, uma autoridade. Se a escola antiga raramente era questionada, discussões teóricas e metodológicas colocaram abaixo os pressupostos do ensino e reformas sucederam-se fazendo que aumentasse a promoção dos alunos. Conforme os dados da Secretaria da Educação do Estado de São Paulo, o atual governo conseguiu reduzir a quase 2% a retenção[1] nas escolas públicas, um índice fortemente contrastante com as décadas de 1940 e 1950, quando os exames de admissão retinham 60% ou 70% dos alunos que pretendiam ingressar na 5ª série (Bueno, 1993, p.53). Muitas das certezas que orientaram a prática dos velhos professores se "desmancharam no ar", como produto da "modernização" do ensino.

Essas guinadas causam indignações e perplexidades. Aos olhos dos defensores da escola moderna, a "fase de ouro da escola pública" oferecia um ensino elitista e trabalhava conteúdos prontos de forma expositiva; segundo eles, era fácil lecionar assim... Afirmam ainda que o ensino atual não tem a "qualidade" desejada porque os professores, mal remunerados, são despreparados e resistem ao novo – reproduzem o modelo tradicional de ensino. Os professores "tradicionais" (mais velhos), por sua vez, duvidam das propostas pedagógicas e afirmam a decadência da escola que aprova alunos sem conhecimento. Esta pesquisa pretendeu demonstrar que a escola antiga não é melhor nem pior que a atual; ela é diferente: outra clientela, outra cultura histórica e docente, outros referenciais teóricos. A surpreendente homogeneidade das respostas dos professores da "ter-

---

1 Tais números foram divulgados por uma reportagem da revista *Exame* (5.4.2000, p.172-80) que tinha o título "Lição de casa". O jornalista André Lahóz afirma: "Desde 1998 o governo instituiu o sistema de ciclos no Ensino Fundamental. Da 1ª à 4ª séries os alunos não repetem de ano. O aluno pode repetir apenas o último ano do ciclo mas, se isso ocorrer, ele ficará em uma classe especial. O mesmo ocorre entre a 5ª e a 8ª séries. Mas isso não significa que não façam provas e não tenham notas. Quem vai mal na escola tem que participar de classes de reforço. Os alunos que, ao final de cada ano, não tenham nota para passar de ano em determinada matéria têm de ficar estudando nas férias. 'O importante é que todos passem a interiorizar que a escola não foi feita para reprovar', diz Hubert Alquéres, subsecretário da Educação do Estado de São Paulo. Resultado: a promoção no Estado para os alunos do Ensino Fundamental pulou de 77% para 94% entre 1994 e 1998. No mesmo intervalo, a repetência caiu de 14% para 2%."

ceira geração" sugere que o discurso publicamente assumido para caracterizar a profissão reproduz as propostas e os preceitos pedagógicos. As propostas, no entanto, dizem pouco sobre o trabalho realmente implementado em sala de aula.

O atual discurso pedagógico não apresenta "fórmulas" ou "modelos". O tecnicismo no campo da educação parece ruir por força das suas contradições internas: à medida que o debate educacional apropria-se do discurso dominante nas Ciências Sociais, incorpora a crise do racionalismo. A racionalidade técnica, supostamente capaz de orientar os professores na aplicação de determinado método que levaria o aluno à assimilação desse ou daquele conteúdo, caiu em descrédito:

- não há verdade a ser transmitida; portanto, impõe-se a pesquisa como princípio pedagógico;

- abandonando a dimensão exclusivamente racional ou iluminista, espera-se da escola a formação moral e até mesmo espiritual dos jovens.

No âmbito da disciplina História, o primeiro princípio foi proposto nos anos 80 com o documento da Cenp e o segundo com os PCNs, documentos oficiais amplamente divulgados que deveriam orientar a prática docente nas décadas de 1980 e 1990, respectivamente. Apesar da mudança de ênfase, podem-se vislumbrar pontos de continuidade entre eles, como os mesmos referenciais teóricos e linha historiográfica, valorização do senso crítico que levaria à superação da moral autoritária e o abandono dos "conteúdos" em favor das habilidades e/ou atitudes. Esse descaso com os fatos históricos e com o passado em si – que o senso comum desconhece – coloca-se em meio às críticas ao racionalismo estreito e ao cientificismo que, no campo educacional, proclamam a ruptura com o sagrado respeito pelo conhecimento produzido; um projeto ousado que aposta alto nos profissionais do ensino. Tarefas hercúleas se colocam a profissionais que "perderam a referência precisa do que devem saber, de como se deve ensinar e avaliar, ou seja, perderam os aspectos essenciais de sua identidade" (Codo, 1999). No lugar de um posicionamento pessoal perante o ensino, encontram-se, nas falas dos professores, chavões sobre o engajamento político e a necessidade de transformação social.

A outra face do professor atual é a desmotivação, ausência de justificativas pessoais para o ofício ou do espírito missionário tantas vezes criticado em nome da profissionalização do ensino. Esse mestre não se entende mais como personalidade pública e convive com uma depreciação social do ofício. O "sofredor", "masoquista", "acomodado" – porque não procurou outra ocupação – precisa encontrar um novo lugar, pois a nova clientela e a nova cultura histórica exigem muito estudo... Na visão de Olga, as mesmas metodologias de ensino que formaram a elite financeira do país em alguns importantes colégios particulares em São Paulo estão fadadas ao fracasso na rede oficial de ensino, "porque tudo é feito a toque de caixa": "querem um ensino sofisticado que exige muito do professor, mas não se oferecem condições de trabalho". As reformas neoliberais acreditam na possibilidade de motivar a categoria, levando-a à construção dos seus próprios caminhos mediante recompensas financeiras diferenciadas e proporcionais ao desempenho. Sindicatos e líderes de esquerda afirmam, no entanto, que somente se tem conseguido desunir o professorado.

Tais incentivos pretendem motivar, mas permanece a ausência de referenciais que orientaram as gerações anteriores. É como se os atuais governos recitassem Antonio Machado aos historiadores/professores:

Caminhante, não há caminho.
O caminho se faz ao caminhar.

REFERÊNCIAS BIBLIOGRÁFICAS

ABRAMO, P. O professor, a organização corporativa e a ação política. In: CATANI, D. et al. *Universidade, escola e formação de professores.* São Paulo: Brasiliense, 1986.

ABREU, D. S. *Formação histórica de uma cidade pioneira paulista:* Presidente Prudente. Presidente Prudente: UNESP, 1972.

ALBUQUERQUE JÚNIOR, D. M. de. *Falas de astúcia e de angústia:* a seca no imaginário nordestino (1870-1922). Campinas, 1988. Dissertação (Mestrado) – Universidade Estadual de Campinas.

_____. *O engenho antimoderno:* a invenção do Nordeste e outras artes. Campinas, 1994. Tese (Doutorado) – Universidade Estadual de Campinas.

ALFERES, V. R. A pedagogização do sexo. *Revista Portuguesa de Pedagogia,* n.1, Ano XXX, p.91-6, 1996.

ALTHUSSER, L. *Ideologia e aparelhos ideológicos do Estado.* Lisboa: Presença, 1974.

AMADO, J., FERREIRA, M. de M. (Org.) *Usos & abusos da história oral.* Rio de Janeiro: FGV, 1996.

AMONACID, C. Empresarios e educación: "el caso chileno". *Trabalho & Educação (Belo Horizonte),* n.1, fev./jul. 1997.

APPLE, M., TEITEBAUN, K. *Educação e poder.* Trad. Maria Cristina Monteiro. Porto Alegre: Artes Médicas, 1989.

APPLE, M., TEITEBAUN, K. Está o professorado perdendo o controle de suas qualificações e currículo? Trad. Tomás T. da Silva. *Teoria & Educação (Porto Alegre)*, n.4, p.62-73, 1991.

BALDIM, N. Formação teórica e prática pedagógica do professor de História. *Educação e Sociedade (São Paulo)*, v.8, n.25, p.96-110, dez. 1986.

BENEVIDES, M. V. de M. *A cidadania ativa*: referendo, plebiscito e iniciativa popular. São Paulo: Ática, 1991.

BERGSON, H. *Matéria e memória*. São Paulo: Martins Fontes, 1991.

BITTENCOURT, C. M. F. *Pátria, civilização e trabalho*: o ensino de História nas escolas paulistas. São Paulo: Loyola, 1990.

_____. Os confrontos de uma disciplina escolar: da história sagrada à história profana. *Revista Brasileira de História (São Paulo)*, v.13, n.25-26, set. 1992/ago. 1993.

_____. Propostas curriculares de História: continuidades e transformações. In: BARRETO, E. S. de S. (Org.) *Os currículos do ensino fundamental para as escolas brasileiras*. Campinas: Autores Associados; São Paulo: Fundação Carlos Chagas, 1998.

BOMENY, H. (Org.) *Ensino básico na América Latina*: experiências, reformas e caminhos. Rio de Janeiro: EdUERJ, 1998.

BOMENY, H., FEITAL, R. Descentralização no Brasil. In: BOMENY, H. (org.) *Ensino Básico na América Latina*: experiências, reformas e caminhos. Rio de Janeiro: EdUERJ, 1998.

BORDIEU, P., PASSERON, J. *A reprodução*: elementos para uma teoria do ensino. Rio de Janeiro: Francisco Alves, 1975.

BOSI, E. *Lembranças de velhos*: memória e sociedade. 2.ed. São Paulo: Edusp, 1987.

BRASIL. Ministério da Educação e do Desporto. Secretaria da Educação Fundamental. *Parâmetros Curriculares Nacionais: 5ª a 8ª séries do Ensino Fundamental – Introdução dos Parâmetros Curriculares Nacionais*. Brasília: MEC, SEF, 1998.

_____. Ministério da Educação e do Desporto. Secretaria da Educação Fundamental. *Parâmetros Curriculares Nacionais: terceiro e quarto ciclos do Ensino Fundamental – Temas transversais*. Brasília: MEC, SEF, 1998.

_____. Secretaria de Educação Fundamental. *Parâmetros Curriculares Nacionais: História*. Ensino de 5ª a 8ª séries. Brasília: MEC, SEF, 1998.

MEMÓRIAS DE QUEM ENSINA HISTÓRIA   173

BRASIL. Secretaria de Educação Média e Tecnológica. *Parâmetros Curriculares Nacionais: Ensino Médio*. Brasília: MEC, Semtec, 2002.

BRUXARRAIS, M. R. ¿Qué significa "educar en valores"? In: *La formación del professorado en educación en valores*. Bilbao: Editorial Declée de Brouwer, 1997. p.79-93.

BUENO, M. S. S. *A política educacional paulista para o ensino de 2º grau (1968-88)*: expansão, contenção ou descompromisso. Marília, 1993. Dissertação (Mestrado em Educação) – Faculdade de Filosofia e Ciências, Universidade Estadual Paulista.

_____. *Políticas atuais para o Ensino Médio*. Campinas: Papirus, 2000.

CABRINI, C. et al. *O ensino de História*: revisão urgente. São Paulo: Brasiliense, 1986.

CANÁRIO, R. Estabelecimento de ensino: a inovação e a gestão dos recursos educativos. In: NÓVOA, A. (Org.). *As organizações escolares em análise*. Lisboa: Publicações Dom Quixote, 1995. p.161-87.

CANDIDO, A. A Revolução de 30 e a cultura. In: *Educação pela noite*. São Paulo: Ática, 1987.

CARDOSO, I. *A Universidade da Comunhão Paulista*. São Paulo: Cortez, 1982.

CARDOSO, R. A trajetória dos movimentos sociais. *O Estado de S.Paulo*, São Paulo, 20 de nov. 1994.

CARVALHO, M. M. C. A configuração da historiografia educacional brasileira. In: FREITAS, M. C. de. (Org.) *Historiografia brasileira em perspectiva*. São Paulo: Contexto, 1998. p.329-53.

CHAUÍ, M. O que é ser educador hoje? Da arte à ciência: a morte do educador. In: BRANDÃO, C. R. (Org.) *O educador*: vida e morte. Rio de Janeiro: Graal, 1982.

CODO, W. (Coord.) *Educação*: carinho e trabalho. Petrópolis: Vozes, Brasília: Confederação Nacional dos Trabalhadores em Educação, UnB – Laboratório de Psicologia do Trabalho, 1999.

COMPARATO, F. K. A nova cidadania. *Lua Nova: Revista de Cultura e Política*, Marco Zero, Cedec, n. 28-29, p.85-106, 1993.

CORDEIRO, J. F. P. *A História no centro do debate: da crítica do ensino ao ensino crítico*. As propostas de renovação do ensino de história nas décadas de setenta e oitenta. São Paulo, 1994. Dissertação (Mestrado em Educação) – Faculdade de Educação, Universidade de São Paulo.

CORDEIRO, J. F. P. *Projetando a mudança: o novo e o tradicional na educação brasileira (anos 70 e 80):* um estudo sobre o discurso pedagógico a partir da imprensa especializada. São Paulo, 1999. Tese (Doutorado em Educação) – Faculdade de Educação, Universidade de São Paulo.

CUNHA, M. I. *O bom professor e sua prática.* Campinas: Papirus, 1989.

DAGNINO, E. (Org.) *Anos 90:* política e sociedade no Brasil. São Paulo: Brasiliense, 1994.

DE DECCA, E. *A formação do historiador: algumas questões* In: Seminário Perspectivas do Ensino de História. São Paulo, Anais/Feusp, 1988. p.74-8.

DELORS, J. (Org.) *Educação:* um tesouro a descobrir. Relatório para a Unesco da Comissão Internacional sobre Educação para o século XXI. São Paulo: Cortez; Brasília: MEC, Unesco, 1999.

DOSSE, F. *História do estruturalismo.* São Paulo: Ensaio, Campinas: Editora da Unicamp, 1993. 2v.

DURHAN, E. *Movimentos sociais:* a construção da cidadania. *Novos Estudos Cebrap (*São Paulo), v.10, p.24-30, 1984.

ENGUITA, M. A ambigüidade da docência: entre o profissionalismo e a proletarização. Trad. Álvaro Hipólito. *Teoria & Educação (Porto Alegre),* n.4, p.41-61, 1991.

ESTEVE, J. M. *El malestar docente.* Barcelona: Laia, 1987.

ENCONTRO PERSPECTIVAS DO ENSINO DE HISTÓRIA – 2., 1996. São Paulo, Anais do II Encontro Perspectivas do Ensino de História: Feusp, 1996.

FABRIS, A. *O futurismo paulista:* hipóteses para o estudo da chegada da vanguarda ao Brasil. São Paulo: Perspectiva, Edusp, 1994.

FAUSTO, B. *História do Brasil.* 2.ed. São Paulo: USP, Fundação do Desenvolvimento da Educação, 1995.

FENELON, D. R. A questão dos Estudos Sociais. In: *A prática de ensino de História,* Cadernos Cedes, n.10. Campinas: Cedes, Cortez, 1984.

_____. Pesquisa em História: perspectivas e abordagens. In: FAZENDA, I. (Org.) *Metodologia da pesquisa educacional.* Campinas: Cortez, 1991. p. 117-36.

FONSECA, S. G. *Caminhos da história ensinada.* Campinas: Papirus, 1993.

MEMÓRIAS DE QUEM ENSINA HISTÓRIA **175**

FONSECA, S. G. *Ser professor no Brasil*: história oral de vida. Campinas: Papirus, 1997.

FOUCAULT, M. *História da loucura*. 4.ed. São Paulo: Perspectiva, 1995.

FOUCAULT, M. *Vigiar e punir*. 22.ed., Petrópolis: Vozes, 2000.

GARCIA, C. M. Formação de professores: centro de atenção e pedra-de-toque. In: *Os professores e a sua formação*. 3.ed. Lisboa: Dom Quixote, 1997.

GARCIA, W. E. (Coord.) *Inovação educacional no Brasil*: problemas e perspectivas. São Paulo: Cortez, Autores Associados, 1980.

GAY, P. *O estilo na História*: Gibbon, Ranke, Macaulay, Burckhardt. São Paulo: Companhia das Letras, 1990.

GHIRALDELLI JÚNIOR., P. Pedagogia e infância em tempos neoliberais. In: _____. (Org.) *Infância, educação e neoliberalismo*. São Paulo: Cortez, 1996.

GIORGI, C. *O paradigma da educação popular*. São Paulo, (1977). Dissertação (Mestrado em Educação) – Faculdade de Educação, Pontifícia Universidade Católica de São Paulo.

GLEZER, R. Novos livros & velhas idéias. *Revista Brasileira de História (São Paulo)*, v.4, n.7, 1984.

GOERGEN, P. Sistema de ensino e formação de professores na Alemanha. In: GOERGEN, P., SAVIANI, D. (Org.) *Formação de professores*: a experiência internacional sob o olhar brasileiro. Campinas: Autores Associados, São Paulo: Nupes, 1998.

GOERGEN, P., SAVIANI, D. (Org.) *Formação de professores*: a experiência internacional sob o olhar brasileiro. Campinas: Autores Associados, São Paulo: Nupes, 1998.

GÓMEZ, A. P. O pensamento prático do professor. In: *Os professores e a sua formação*. 3.ed. Lisboa: Dom Quixote, 1997.

HALBWACHS, M. *Memória coletiva*. São Paulo: Vértice e Revista dos Tribunais, 1990.

HOLLANDA, H. B., GONÇALVES, M. A. *Cultura e participação nos anos 60*. São Paulo: Brasiliense, 1984.

HUTMACHER, W. A escola em todos os seus estados: das políticas de sistemas às estratégias de estabelecimento. In: NÓVOA, A. (org.) *As organizações escolares em análise*. Lisboa: Dom Quixote, 1995.

JANOTTI, M. de L. M. História, política e ensino. In: BITTEN-COURT, C. (Org.) *O saber histórico na sala de aula*. São Paulo: Contexto, 1997.

JÓIA, O. (Coord.) *Apeoesp dez anos, 1978/1988:* memória do movimento dos professores do ensino público estadual paulista. São Paulo: Cedi, 1992.

KINCHELOE, J. L. *A formação do professor como compromisso político:* mapeando o pós-moderno. Porto Alegre: Artes Médicas, 1997.

LAHÓZ, A. Educação: como o Brasil está fazendo a lição de casa. *Revista Exame,* ano 34, n.7, p.172-80, 5.4.2000.

LAPA, R. do A. *História e historiografia:* Brasil pós-64. Rio de Janeiro: Paz e Terra, 1985.

LE GOFF, J. Memória-História. In: *Enciclopédia Einaudi.* Lisboa: Imprensa Nacional, Casa da Moeda, 1984. v.1

LEITE, M. M. *O ensino de História no primário e no ginásio.* São Paulo: Cultrix, 1969.

LESSER, J. *A negociação da identidade nacional:* imigrantes, minorias e luta pela etnicidade no Brasil. São Paulo: Editora UNESP, 2001.

LOURO, G. L. A História (oral) da educação: algumas reflexões. *Em Aberto (Brasília),* n.47, ano 9, mar. 1991.

MACHADO, L. M. *Teatralização do poder:* o público e o publicitário na reforma do ensino paulista. São Paulo: Arte & Ciência, 1998.

MANIFESTO DOS PIONEIROS DA EDUCAÇÃO NOVA. In: AZEVEDO, F. *A educação entre dois mundos.* São Paulo: Melhoramentos, 1959. v.16.

MARTINIC, S. O discurso empresarial sobre a educação: orientações e práticas de colaboração. In: BOMENY, H. M. B. (Org.) *Ensino básico na América Latina:* experiências, reformas e caminhos. Rio de Janeiro: EdUERJ, 1998.

MARTINS, M. do C. *A construção da proposta curricular de História da Cenp no período de 1986 a 1992:* confrontos e conflitos. Campinas, 1996. Dissertação (Mestrado em Educação) – Universidade Estadual de Campinas.

MELLO, G. N. *Cidadania e competividade:* desafios educacionais do terceiro milênio. São Paulo: Cortez, 1993.

MICELLI, S. *Intelectuais e classe dirigente no Brasil (1920-1945).* São Paulo: Difel, 1979.

_____. *História das Ciências Sociais no Brasil.* São Paulo: Vértice, 1989. v.1.

MORAES, M. C. *O paradigma educacional emergente.* Campinas: Papirus, 1997.

MEMÓRIAS DE QUEM ENSINA HISTÓRIA   177

MUNAKATA, K. Histórias que os livros didáticos contam, depois que acabou a ditadura no Brasil. In: FREITAS, M. C. de. (Org.) *Historiografia brasileira em perspectiva*. São Paulo: Contexto, 1998. p.271-96.

NADAI, Elza. A escola pública contemporânea: os currículos oficiais de história e o ensino temático. *Revista Brasileira de História (São Paulo)*, v.6, n.11, p.105, set. 1985-fev. 1986.

_____. *Educação como apostolado:* História e reminiscências (1930-70). São Paulo, 1991. Tese (Livre- Docência) Universidade de São Paulo.

_____. O ensino de História no Brasil: trajetória e perspectiva. *Revista Brasileira de História (São Paulo)*, v. 13, n. 25/26, p.143-62, ago. 1993.

NAGLE, J. (Org.) *Educação e linguagem*: para um exame do discurso pedagógico. São Paulo: Edart, 1976.

NANZHAU, Z. Interações entre educação e cultura na ótica do desenvolvimento econômico e humano: uma perspectiva asiática. In: DELORS, J. (Org.) *Educação:* um tesouro a descobrir. Relatório para a Unesco da Comissão Internacional sobre Educação para o século XXI. São Paulo: Cortez, Brasília: MEC, Unesco, 1999.

NEVES, V. F. *Aprender, ensinar*: a construção do saber-fazer história na habilitação específica para o magistério. Marília, 1997. Tese (Doutorado em Educação) – Faculdade de Filosofia e Ciências, Universidade Estadual Paulista.

NORTE, M. B. *"Formatando" o computador no ensino e aprendizado de línguas estrangeiras*. Assis, 1997. Tese (Doutorado) – Universidade Estadual Paulista.

NÓVOA, A. O método (auto)biográfico na encruzilhada dos caminhos e (descaminhos) da formação de adultos. *Revista Portuguesa de Educação*, v.1, n.2, p.7-20, 1988.

_____. A formação contínua entre pessoa-professor e a organização-escola. *Inovação (Lisboa)*, v.4, n.1, p.62-76,1991.

_____. (Org.) *Profissão professor*. Porto: Porto, 1991.

_____. *Vidas de professores*. Porto: Porto, 1992.

_____. (Org.) *Os professores e a sua formação*. Lisboa: Dom Quixote, 1992.

_____. Relação escola – sociedade: "novas respostas para um velho problema". In: SERBINO, R. V. (Org.) *Formação de professores*. São Paulo: Editora UNESP, 1998.

O BID. BID EXTRA. Publicação do Banco Interamericano de Desenvolvimento, 1996. Suplemento.

ORTIZ, R. Estado autoritário e cultura. In: *Cultura brasileira & identidade nacional*. São Paulo: Brasiliense, 1985.

PAGNI, P. *Do Manifesto de 1932 à construção de um saber pedagógico:* ensaiando um diálogo entre Fernando de Azevedo e Anísio Teixeira. Ijuí: Unijuí, 2000.

PALMA FILHO, J C. *A Reforma Curricular da Secretaria da Educação do Estado de São Paulo para o 1º grau (1983-1987):* uma avaliação crítica. São Paulo: PUC, 1989.

PÉCAUT, D. *Os intelectuais e a política no Brasil:* entre o povo e a nação. São Paulo: Ática, 1990.

PIAGET, J. *Para onde vai a educação?* Rio de Janeiro: José Olympio, Unesco, 1973.

PIMENTA, S. G. Para uma re-significação da didática – ciências da educação, pedagogia e didática (uma revisão conceitual e uma síntese provisória). In: *Didática e formação do professores:* percursos e perspectivas no Brasil e em Portugal. São Paulo: Cortez, 1997.

PINSKY, J. (Org.) *O ensino de História e a criação do fato*. São Paulo: Contexto, 1988.

POPKEWITZ, T. S. *Reforma educacional:* uma política sociológica – poder e conhecimento em educação. Porto Alegre: Artes Médicas, 1997.

PRADO JÚNIOR, B. et al. *Descaminhos da educação pós-68*. São Paulo: Brasiliense, 1980.

PRINS, G. História oral. In: BURKE, Peter (Org.) *A escrita da História:* novas perspectivas. São Paulo: Editora UNESP, 1992.

REVISTA EDUCAÇÃO. A chave do futuro: nações apostam na educação para enfrentar os desafios do século XXI. Edição Especial do IV Congresso Mundial de Educação em Caracas, out. 1997.

RIBEIRO, A. I. M. *Subsídios para a história da educação de Presidente Prudente*: as primeiras instituições escolares. São Paulo: Clísper, 1999.

RIBEIRO, M. L. S. O Colégio Vocacional "Oswaldo Aranha" de São Paulo. In: GARCIA, W. E. (Coord.) *Inovação educacional no Brasil:* problemas e perspectivas. São Paulo: Cortez , Autores Associados, 1980.

RICCI, C. S. *Da intenção ao gesto:* quem é quem no ensino de História em São Paulo. São Paulo, 1992. Dissertação (Mestrado em História) – Pontifícia Universidade Católica de São Paulo.

MEMÓRIAS DE QUEM ENSINA HISTÓRIA   179

RIDENTI, M. *O fantasma da revolução brasileira*. São Paulo: Editora UNESP, 1993.

ROMANELLI, O. de O. *História da educação no Brasil (1930-1973)*. Petrópolis: Vozes, 1978.

SAES, D. Classe média e política no Brasil: 1930-1964 . In: FAUSTO, B. (Org.) *História geral da civilização brasileira*. São Paulo: Difel, 1981. t. 3: O Brasil republicano; v. 3: Sociedade e política (1930-1964).

_____. A reemergência do populismo no Brasil e América Latina . In: DAGNINO, E. (Org.) *Anos 90*: política e sociedade no Brasil. São Paulo: Brasiliense, 1994.

SADER, E. *Quando novos personagens entram em cena*: experiências, falas e lutas de trabalhadores da Grande São Paulo (1970-80). Rio de Janeiro: Paz e Terra, 1988.

_____. *A transição no Brasil*: da ditadura à democracia? São Paulo: Atual, 1990.

SANDER, B. *Gestão da educação na América Latina*: construção e reconstrução do conhecimento. Campinas: Autores Associados, 1995.

SANTOS, B. S. *Um discurso sobre as ciências*. Porto: Afrontamento, 1988.

_____. Pela mão de Alice. 2.ed. São Paulo: Cortez, 1996.

SÃO PAULO (Estado). Secretaria da Educação. Coordenadoria de Estudos e Normas Pedagógicas. *Proposta Curricular para o Ensino de História* – versão preliminar. São Paulo: SE, Cenp, 1986.

_____. *Proposta Curricular para o Ensino de História*: 1° grau. São Paulo: SE, Cenp, 1992.

_____. *Proposta Curricular para o Ensino de História*: 2° grau. São Paulo: SE, Cenp, 1992.

SAVIANI, D. O ensino básico e o processo de democratização da sociedade brasileira. *Revista Ande (São Paulo)*, v.4, n.7, p 9-13, 1984.

_____. *A nova lei da educação*: trajetória, limites e perspectivas. Campinas: Autores Associados, 1997.

_____. *Política e educação no Brasil*: o papel do Congresso Nacional na legislação do ensino. 4.ed. Campinas: Autores Associados, 1999.

SCHEFFLER, I. *A linguagem da educação*. São Paulo: Saraiva, USP, 1974.

SCHWARCZ, L. *O espetáculo das raças*: cientistas, instituições e questão racial no Brasil, 1870-1930. São Paulo: Companhia das Letras, 1993.

SEBE, J. C. A herança do projeto Camelot. In: *Introdução ao nacionalismo acadêmico, os brasilianistas*. São Paulo: Brasiliense, 1984.

SEMINÁRIO PERSPECTIVAS DO ENSINO DE HISTÓRIA. 1998, São Paulo. *Anais...* São Paulo: Feusp, 1988.

SILVA, C. S. B. *Curso de pedagogia no Brasil*: história e identidade. Campinas: Ed. Autores Associados, 1999.

SILVA, J. C. da. *No balanço da nave*. Presidente Prudente: Editado pelo Autor, 1997.

SILVA, M. A da, ANTONACCI, M. A. (Org.). *Repensando a História*. São Paulo: Anpuh, Marco Zero, 1984.

_____. Vivências da contramão – produção de saber histórico e processo de trabalho na escola da 1º e 2º graus. *Revista Brasileira de História em quadro negro (São Paulo)*, v.9, n.10, p. 9-28, set./fev. 1990.

SILVA, R. N. A identidade profissional do educador e as políticas da SEE-SP. In: BICUDO, M. A. V., SILVA JÚNIOR, C. A. da. (Org.) *Formação do educador*: dever do Estado, tarefa da Universidade. São Paulo: Editora UNESP, 1996.

SINGER, P. Interpretação do Brasil: uma experiência histórica de desenvolvimento. In: FAUSTO, B. (Org.) *História geral da civilização brasileira*. São Paulo: Difel, 1984. t.3: O Brasil Republicano, v.4: Economia e sociedade (1930-1964).

SMITH, M. A. A formação do professor de História e o cotidiano da sala de aula. In: BITTENCOURT, C. (Org.) *O saber histórico na sala de aula*. São Paulo: Contexto, 1997.

TARDIF, M., LESSARD, C., LAHAYE, L. Os professores face ao saber. Trad. Léa P. Paixão. *Teoria & Educação (Porto Alegre)*, n.4, p.215-33, 1991.

THOMPSON, E. P. *A miséria da teoria ou um planetário de erros*. Rio de Janeiro: Zahar, 1981.

TORRES, R. M. Melhorar a qualidade da educação básica? As estratégias do Banco Mundial. In: TOMMASI, L. de, WARDE, M. J., HADDAD, S. (Org.) *O Banco Mundial e as políticas educacionais*. 2.ed. São Paulo: Cortez, 1998.

TREVISAN, P. Discurso pedagógico e modelo de cientificidade. In: NAGLE, J. (Org.) *Educação e linguagem*: para um exame do discurso pedagógico. São Paulo: Edart, 1976.

MEMÓRIAS DE QUEM ENSINA HISTÓRIA   181

UNESCO. *Educação: um tesouro a descobrir*. Relatório para a Unesco da Comissão Internacional sobre Educação para o século XXI, coordenada por J. Delors. Porto, ASA, 1996.

VEIGA-NETO, A. Michel Foucault e a educação: há algo de novo sob o sol? In: (Org.). *Crítica pós-estruturalista e educação*. Porto Alegre: Sulina, 1995.

VEYNE, P. *Como se escreve a História*. Lisboa: Edições 70, s. d.

WARDE, M. J., PAIVA, V. Novo paradigma de desenvolvimento e centralidade do ensino básico. *Educação & Sociedade*, n.44, abr. 1993.

WARDE, M. J., RIBEIRO, M. L. S. O contexto histórico da inovação educacional no Brasil. In: GARCIA, W. E. (Coord.) *Inovação educacional no Brasil:* problemas e perspectivas. São Paulo: Cortez, Autores Associados, 1980.

WARDE, M. J., TOMMASI, L. de, HADDAD, S. (Org.) *O Banco Mundial e as políticas educacionais*. 2.ed. São Paulo: Cortez, 1998.

SOBRE O LIVRO

Formato: 14 x 21 cm
Mancha: 23,7 x 42,5 paicas
Tipologia: Horley Old Style 10,5/14
Papel: Offset 75 g/m² (miolo)
Cartão Supremo 250 g/m² (capa)
1ª edição: 2004

EQUIPE DE REALIZAÇÃO

Coordenação Geral
Sidnei Simonelli

Produção Gráfica
Anderson Nobara

Edição de Texto
Mônica Guimarães Reis (Preparação de Original)
Carlos Villarruel e
Eloísa Aragão (Revisão)

Editoração Eletrônica
Lourdes Guacira da Silva Simonelli (Supervisão)
José Vicente Pimenta (Diagramação)

Impressão e Acabamento
na Gráfica Imprensa da Fé